FRANZ KOTTEDER

DER GROSSE

AUS
VER
KAUF

FRANZ KOTTEDER

DER GROSSE AUSVERKAUF

Wie die Ideologie des freien Handels unsere Demokratie gefährdet

LUDWIG

MIX
Papier aus verantwor-
tungsvollen Quellen
FSC® C014496
FSC
www.fsc.org

Verlagsgruppe Random House FSC® N001967
Das für dieses Buch verwendete
FSC®-zertifizierte Papier *Super Snowbright*
liefert Hellefoss AS, Hokksund, Norwegen.

Für Jakob und Nine

Inhalt

Der reinste Wirtschaftsthriller

*»Freier Handel« klingt gut, aber in Wahrheit geht es darum,
wer künftig das Heft des Handelns in die Hand nimmt*

Wie wird Deutschland, wie wird Europa in zehn Jahren aussehen?
Wie wird unsere Demokratie beschaffen sein? Werden wir Deutschland, Europa und die Demokratie dann noch wiedererkennen?

Diese Fragen klingen sehr dramatisch, geradezu reißerisch. Eine
Staatengemeinschaft, die einigermaßen heil durch die Finanzkrise
gekommen ist, könnte doch zuversichtlich in die Zukunft blicken und
auf ihre Stärke vertrauen. Die europäische Demokratie hat sich allen
gewaltigen Problemen und Widrigkeiten zum Trotz als Staatsform
bewährt und gezeigt, dass sie allen Angriffen standhalten kann.

Oder etwa nicht?

Man kann sich die Zukunft aber auch als Apokalypse vorstellen. In dieser Zukunft werden die Menschen überrascht werden von
Milliardensummen an Schuldenzahlungen, die sie als Steuerzahler
aufzubringen haben. Geheimtribunale haben das so beschlossen, Widerspruch ist unmöglich. Demokratische Regierungen haben lange
genug immer kompliziertere Gesetze erfunden – damit ist nun Schluss,
das Recht wird jetzt schnell und unkompliziert durchexerziert.

Ziel allen menschlichen Strebens ist nämlich die Steigerung der
Unternehmensgewinne geworden. Dem hat sich alles andere unterzuordnen. Verbote von Waren, weil sie möglicherweise irgendjemandem schaden? Warum denn das? Solange nichts erwiesen ist, ist das
doch nicht nötig! Vorsicht ist schön und gut, aber nicht, wenn sie
Profite verhindert. Was man früher Verbraucherschutz nannte, ist
nämlich nur ein Hindernis für eine florierende Wirtschaft. Ähnlich
verhält es sich mit dem Datenschutz. Das alles kann doch schließlich

auch der Markt regeln. Der will es sich mit seinen Kunden ja nicht verderben und wird deshalb nichts tun, was nicht auf Akzeptanz stößt. Und seien wir mal ehrlich: Rücken die Leute inzwischen nicht selbst privateste Daten freiwillig raus?

Dann ist da noch die Frage, ob es in der Wirtschaft wirklich solch frühsozialistischer Instrumente bedarf wie etwa Tarifverträge, die landesweit gelten. Eigentlich sind solche Vereinbarungen doch ungerecht: Den einen geben sie zu viel, den anderen zu wenig – je nachdem, wo man lebt. Viel sinnvoller wäre es doch, die Entlohnung am jeweiligen Standort von Arbeitgebern und Arbeitnehmern frei aushandeln zu lassen, das würde dem Unternehmen nützen und den Beschäftigten. Da muss man einfach nur dem freien Spiel der Kräfte vertrauen.

Das sollte man sowieso grundsätzlich tun, damit alles gut wird. Der Mensch muss nicht glauben, dass er immer alles besser weiß und alles regeln kann. Das macht der Markt schon selber. Qualität setzt sich letztlich immer durch.

Das ist auch in der Kultur so. Ist das kulturelle Leben in den USA etwa unterentwickelt im Vergleich zu den Verhältnissen hierzulande, auch wenn es dort kaum staatliche Subventionen gibt, kaum einmal ein städtisches Theater, keine Buchpreisbindung und keine Filmförderung? Na also!

Manch einer dürfte eine leichte Unruhe verspüren beim Lesen dieser Zeilen. Es handelt sich hier um die Argumentation von Marktliberalen – oder sollte man besser sagen: Marktradikalen? –, wie es sie in dieser reinen Form und vor allem in dieser Ballung nur selten gibt. Selbst der knochenhärteste Neoliberale würde wohl im wahren Leben vor einer derartigen Konsequenz zurückschrecken und zugestehen, dass gewisse Beschränkungen schon nötig sind.

Und doch stehen wir vor einer gewaltigen Umwälzung, an deren Ende der zügellose Markt stehen könnte. Einer Umwälzung, nach der unsere westlichen Demokratien nicht mehr dieselben sein werden. Freiheiten, die über Jahre und Jahrzehnte hinweg mühsam erkämpft werden mussten, könnten dann mit einem Schlag nichts mehr wert sein. Und das alles nur, weil ein paar hundert Wirtschaftsvertreter mit Brüsseler und Washingtoner Beamten und einer Handvoll Politiker ganz im Geheimen die größte Freihandelszone der Welt aus dem Boden stampfen und handstreichartig verwirklichen wollen. Nein: Eigentlich wollen sie sich die ganze Welt zur Beute machen.

Ein Weltstaatsstreich der Konzerne

Das klingt wie der Plot eines Wirtschaftsthrillers. Schlimmer noch: Es ist auch einer. Was unter dem Siegel »Transatlantic Trade and Investment Partnership«, abgekürzt TTIP oder gelegentlich auch TAFTA (für »Trans-Atlantic Free Trade Agreement«), beschlossen werden soll, ist weit mehr als ein Rahmenprogramm zur Abschaffung von Zöllen und Handelshindernissen zwischen Europa und den USA. Es ist ein Vertragswerk, das unser aller Leben grundlegend verändern könnte, wenn wir nicht aufpassen. Es ist Teil eines Weltstaatsstreichs der internationalen Wirtschaftsverbände und der großen Konzerne, man kann es nicht anders sagen. Ein Regelwerk soll geschaffen werden für den größten Wirtschaftsraum der Welt, in dem 820 Millionen Menschen leben, in dem nahezu die Hälfte des weltweiten Bruttosozialprodukts erwirtschaftet und ein Drittel des globalen Handels abgewickelt wird. Dieses Regelwerk soll vor allem der Wirtschaft dienen – und zwar noch weit mehr, als man das von einem Handelsabkommen vernünftigerweise erwarten dürfte.

Das transatlantische Freihandelsabkommen ist Teil eines Geflechts von Verträgen, die alle ein und dasselbe Ziel verfolgen: die Umsetzung einer neoliberalen Agenda, welche die Wirtschaft weltweit von all den Schikanen befreien will, die sich Regierungen so einfallen lassen, um Unternehmen vom ungestörten Handel abzuhalten. Dazu gehört das Freihandelsabkommen CETA zwischen der EU und

Kanada, in gewisser Weise eine Vorwegnahme von TTIP, weil darin viele Maßnahmen wie im Testlauf erprobt werden. Ebenso das Abkommen TiSA, still und heimlich zwischen 50 Nationen ausgehandelt, das sich mit dem riesigen Markt der Dienstleistungen befasst. Und schließlich das transpazifische Abkommen TTP, mit dem die USA den asiatischen Markt aufrollen und den Chinesen Paroli bieten wollen.

Möglicherweise können unsere Demokratien schon in wenigen Jahren keine Gesetze mehr verabschieden, die Umweltverschmutzung verhindern oder soziale Mindeststandards festschreiben. Es könnte dann nämlich sein, dass große Unternehmen sich dadurch eingeschränkt fühlen in ihren Möglichkeiten. Sie könnten dann mit privaten Anwälten besetzte, geheime Schiedsgerichte anrufen und Schadensersatz in Milliardenhöhe erwirken.

Das klingt ziemlich undemokratisch und gar nicht nach unabhängiger Justiz. Aber genau das droht Wirklichkeit zu werden. Dieses zutiefst undemokratische Vorhaben trägt den harmlos scheinenden Titel »Streitschlichtungsverfahren«.

Es könnte zum Beispiel angewendet werden, wenn die Europäische Union oder auch nur einzelne Mitgliedsstaaten weiterhin der Ansicht sind, sie müssten besonders darauf achten, welche Art von Lebensmitteln auf ihrem Gebiet verkauft werden darf. Sie wollen zum Beispiel keine Nahrung haben oder nicht einmal Saatgut, zu deren Entstehung Gentechnik beigetragen hat. Oder sie wollen nicht, dass Fleisch mithilfe von Chemie konserviert und verschönert wird oder dass in ihren Lebensmitteln Nanotechnologie zum Einsatz kommt. Möglicherweise bestehen sie auch einfach nur auf ihrem Reinheitsgebot für Bier, das es in manchen Regionen seit vielen hundert Jahren gibt.

All das wird sich dann aber möglicherweise nicht mehr halten lassen. Weil sich die Regulierer diesseits und jenseits des Atlantiks nämlich darauf geeinigt haben, dass man dafür keine Regeln mehr brauche und der Markt sich ganz von allein darum kümmere.

Das ist die Übersetzung dessen, was die politischen Amtsträger und die Interessenvertreter der großen Unternehmen »Freihandel« nennen, wenn sie für die Öffentlichkeit sprechen. Warum aber sollten sich die Regierenden in den Demokratien der Vereinigten Staaten und der Europäischen Union eigentlich in so vielen Bereichen das Heft aus der Hand nehmen lassen? Warum sollten sie ein solches Schreckensszenario wie das eben skizzierte eigentlich zulassen? Nur, um sagen zu können, es gehe darum, Arbeitsplätze zu schaffen, und den Unternehmen zu ermöglichen, Gewinne zu generieren?

Der Sinn von Freihandelsabkommen

Dies ist das eigentliche Ziel von Freihandelsabkommen. Es geht um den »Abbau von Zöllen«, aber auch um »nicht-tarifäre Handelshemmnisse«, um die »Harmonisierung« der Regelungen in beiden Wirtschaftsräumen. Angleichung und Vereinfachung lautet die Devise, und dagegen ist ja wenig einzuwenden.

Früher, vor der Erfindung des Neoliberalismus und der Globalisierung, richteten die Staaten untereinander allerlei Hürden auf, um ihre heimischen Produkte vor der Konkurrenz aus dem Ausland zu schützen. Zölle wurden eingeführt, zum Teil in beträchtlicher Höhe. Um die europäische Landwirtschaft vor Dumpingpreisen im Agrarhandel zu bewahren, hatte die EU zeitweise sogar Einfuhrzölle von mehr als 200 Prozent. Unterhalb von Zöllen gibt es eine Fülle weiterer Maßnahmen zum Schutz einheimischer Produkte. Das sind dann die sogenannten »nicht-tarifären Handelshemmnisse«, zum Beispiel die mengenmäßige Beschränkung von Einfuhren – bis Ende 2008 etwa durfte China nur eine bestimmte Menge T-Shirts in die EU einführen, um die hier ohnehin schon darniederliegende Textilindustrie nicht ganz kaputt zu machen. Aber es gibt noch viele weitere Beschränkungen, angefangen bei den Namensrechten, wonach etwa Champagner nur aus der Champagne oder Nürnberger Rostbratwürste nur aus Nürnberg kommen dürfen, bis hin zu Sicherheitsstandards, Umweltschutz- und Arbeitsgesetzen oder Regelungen zum Schutz der sozialen Sicherheit. Genau genommen gibt es wenige Gesetze und Verordnungen, bei denen man sich hundertprozentig sicher sein kann, dass sie keine oder kaum Auswirkungen auf den Handel mit Waren und Dienstleistungen haben. Vielleicht noch die kommunale Hundesteuer. Auch wenn sich die Tierfutterproduzenten da auf den Standpunkt stellen könnten, die stelle ein Hemmnis bei der Anschaffung von Haustieren dar und mindere somit auch den Umsatz mit Tierfutter.

So weit, so absurd. Aber diejenigen, die das transatlantische Freihandelsabkommen unbedingt wollen, haben natürlich auch ein paar sehr einleuchtende Argumente. Ist es nicht wirklich unsinnig, dass Schuhe aus Europa in den USA mit einem Einfuhrzoll von 56 Prozent belegt werden? Und Bekleidung generell mit 32 Prozent, andere Arten von Textilien gar mit 42 Prozent? Und dass für Chemikalien, Medizinartikel und Transportausrüstungen auf beiden Seiten des Atlantiks immer noch relativ hohe Zölle zu bezahlen sind? Oder dass die Blinker von Autos in Europa orange blinken, in den USA aber rot, und dass – auch deshalb – für den jeweils anderen Markt verschiedene Versionen gebaut werden müssen? Dass bereits ausgiebig getestete Pharmazeutika, die ein umständliches Genehmigungsverfahren in den USA durchlaufen haben, in der EU noch einmal völlig neu genehmigt werden müssen, mit einem ebenso umständlichen und umfänglichen Prüfungsverfahren?

Vieles davon ist schlicht unnötig und überflüssig und verteuert die Waren lediglich, ohne dass irgendjemand einen größeren Nutzen davon hat.

Aber ist es wirklich nötig, wegen solcher Einzelfälle über Jahre hinweg unter größter Geheimhaltung ein Vertragswerk auszuhandeln, das multinationalen Konzernen umfangreiche Sonderrechte gegenüber demokratischen Staaten einräumt, das die Grundlagen der Verbraucherpolitik hier wie dort infrage stellt und wichtige staatliche

Entscheidungsrechte heimlich kassiert? Man könnte natürlich auch einfach die 56-Prozent-Zölle auf Schuhwerk abschaffen, eine einheitliche Blinkerfarbe festsetzen und die Sicherheitsprüfungen wechselseitig anerkennen – und alles wäre gut. Dazu muss man eigentlich nicht gleich die Welt in ihren Grundfesten erschüttern.

Die wahren Absichten der Verhandler

Aber man ahnt es schon: Es geht natürlich um etwas anderes.

Es geht darum, mit dem transatlantischen Freihandelsabkommen im größten Wirtschaftsraum der Welt die globalen Standards für die Zukunft zu setzen und beispielsweise der mittlerweile größten Wirtschaftsmacht, China, Einhalt zu gebieten. Es geht darum, die Regeln zu bestimmen, nach denen gehandelt werden kann. Deshalb ist es wichtig, dass es schnell geht. Und deshalb nimmt man auch gerne Kollateralschäden an der Demokratie in Kauf.

Die aber gibt es zwangsläufig, wenn man globale Standards mit einer immer noch weiter reichenden Liberalisierung der Märkte erreichen will. Denn die Interessen der Bevölkerung eines Staates sind oft nicht die Interessen der Unternehmen. Und Regeln, die Regierungen aufstellen, sind manchmal recht hinderlich beim Handel. Die Wirtschaft möchte gern Regeln, die wenig stören bei der Arbeit.

Die Ziele von Freihandelsabkommen sind in den vergangenen Jahrzehnten immer anspruchsvoller geworden. War man vor 50 Jahren noch damit zufrieden, Schutzzölle zwischen den Ländern in ihrer Höhe zu begrenzen oder gleich ganz abzuschaffen, so stehen heute viele kleine Details auf der Wunschliste.

Die finden sich dann beispielsweise auch bei den Verhandlungsmandaten der EU für das transatlantische Abkommen, für TiSA, CETA und so weiter. Das TTIP-Verhandlungsmandat ist an die Öffentlichkeit gelangt, obwohl es von der EU-Kommission eigentlich als geheim eingestuft worden ist. Man fragt sich allerdings, warum:

Denn es enthält im Grunde die üblichen Forderungen großer Wirtschaftsverbände, wie sie nur allzu gern von den Regierungen übernommen werden. Klar ist: Handel und Investitionen zwischen den Staaten sollen so leicht wie nur möglich gemacht werden, »unnötige Regulierungsschranken« sollen verschwinden, neue Regelungen sollen verhindern, dass derartige Schranken einfach wieder errichtet werden – wie es einer neu gewählten Regierung gerade so passt.

Natürlich steckt der Teufel im Detail. Zölle sind ja längst nicht mehr das große Problem. Jetzt geht es um die »Handelsbarrieren hinter den Zollgrenzen«, die eingerissen werden sollen: Rechtsvorschriften, die Einfuhren erschweren, Gesundheits- und Sicherheitsstandards, die eingehalten werden müssen, wenn man seine Waren oder Dienstleistungen im Ausland an den Kunden bringen will, oder auch Umweltschutzrichtlinien. Auch die sogenannte »Dienstleistungsfreiheit« wird eine Rolle spielen. Das bedeutet nichts anderes, als dass öffentliche Dienstleistungen künftig nach Möglichkeit privatisiert werden sollen – zum Beispiel die Wasserversorgung, die Müllabfuhr und andere Dienste, die bisher noch vielerorts von kommunalen Stadtwerken geleistet werden. Eigentlich sollen nur wenige hoheitliche Aufgaben, wie Polizei und Armee, beim Staat verbleiben. So stellen sich Marktradikale das jedenfalls vor.

Verhandelt wird auch über die »Kapitalverkehrsfreiheit«, womit gemeint ist, dass die Staaten sich möglichst nicht mit Regelungen in die Finanzwirtschaft einmischen sollen. Darunter fallen eine Finanztransaktionssteuer, Einschränkungen für die Banken oder auch das Verbot von ungedeckten Leerverkäufen – also etwa der Verkauf von Aktien, die man noch gar nicht besitzt und auf die man auch keinen Anspruch hat. Derlei Regelungen werden in Europa besonders von Großbritannien mit seinem Finanzzentrum London bekämpft und sollen nun mittels TTIP endgültig verhindert werden.

Der Staat soll weichen

Es wird im Freihandelsabkommen aber auch um Subventionsverbote gehen: Staaten sollen künftig nicht mehr einzelne Wirtschaftssegmente finanziell stützen, etwa Kulturbetriebe wie Theater oder Filmproduktionen. Zwar hat Frankreich bei TTIP ein Veto eingelegt, und deshalb wird der Bereich der »audiovisuellen Medien«, sprich: die Filmwirtschaft, erst einmal ausgespart. Aber hier ist das letzte Wort noch nicht gesprochen.

Eine Rolle werden darüber hinaus auch die Patentrechte und der »Schutz des geistigen Eigentums« spielen. Dabei geht es allerdings weniger um künstlerische Erzeugnisse, etwa das Recht von Schriftstellern, Musikern oder Malern an dem von ihnen geschaffenen Werk, sondern vor allem um die Ergebnisse wissenschaftlicher Forschungen, die sich wirtschaftlich verwerten lassen. Es handelt sich um die Patentrechte auf dem Gebiet der Medizin, der Pharmazie oder auch der Genforschung, um nur ein paar Beispiele zu nennen. Das führt bis zum Patent auf Leben und zu der Frage, ob es möglich sein soll, Pflanzen und Tiere als Patent anzumelden, wenn einzelne Gene verändert wurden.

Einer der größten Brocken aber ist das Investitionsrecht, das mit dem transatlantischen Freihandelsabkommen völkerrechtlich verbindlich festgeschrieben werden soll. Im Wesentlichen heißt das: Firmen, die Geld im Ausland investieren, sollen sich dieser Investitionen und vor allem der Gewinne daraus sicher sein. Der betreffende Staat soll nicht die Möglichkeit haben, ihnen Nachteile aufzubürden. Nach allem, was bisher bekannt geworden ist, sollen international tätige Unternehmen in weiten Bereichen geschützt werden vor Eingriffen des Staates und vor Gesetzen, die sich finanziell nachteilig für sie auswirken könnten. Begnügte man sich früher damit, Firmen im Falle einer Enteignung oder einer Verstaatlichung zu entschädigen, so soll es in Zukunft auch möglich sein, gegen »entgangene Gewinne« zu klagen, wenn beispielsweise ein neues Sozial- oder Umweltgesetz die Produktion einer Firma behindert und deren Profite schmälert. Dagegen kann die Firma aus dem Ausland dann künftig klagen, um Schadensersatz in Form von Steuergeldern zu bekommen. Sie muss das nicht vor einem nationalen Gericht tun, sondern kann vor ein Schiedsgericht in Washington ziehen, das nach einem sehr verein-fachten Verfahren entscheidet und eine Art Paralleluniversum des Rechts darstellt.

Freier Handel schränkt die Handlungsfreiheit ein

Das alles klingt nach einer süßen Träumerei von Wirtschaftsliberalen und Marktradikalen. Diese Träumerei würde freilich Wirklichkeit werden, wenn sich die Strategen hinter dem transatlantischen Handelsabkommen durchsetzen, und danach sieht es aus. Unabhängig davon, was man von dieser Ideologie des Marktes hält und ob man sie als Segen für die Menschheit betrachtet oder nicht, ist eines klar: Die globalen Standards, die durch das TTIP-Abkommen und andere vergleichbare Verträge geschaffen werden sollen, kollidieren mit demokratischen Grundprinzipien und der Gestaltungsfreiheit von demokratisch gewählten Regierungen auf beinahe allen Ebenen.

Man kann es auch so formulieren: Ausgerechnet der freie Handel wird die Handlungsfreiheit von Völkern und Regierungen erheblich einschränken.

Bisher ist das noch nicht ganz so, auch wenn viele Regierungen und die Vertreter der internationalen Wirtschaftsverbände sich seit 20 Jahren darum bemühen. Man kommt einfach nicht so recht voran, nicht in der Welthandelsorganisation und auch nicht in anderen übernationalen Gremien. Viele nationale Regierungen, insbesondere die der Schwellen- und Entwicklungsländer, wollen auf Mitsprache- und Einspruchsrechte nicht verzichten, wenn es um globale Standards in Sachen Ernährung, Landwirtschaft, Gesundheit, Umwelt und Investitionen auf ihrem Territorium geht.

Weil das so ist, gehen die führenden Wirtschaftsnationen einen Umweg und schneidern einen Flickenteppich aus lauter einzelnen Handelsabkommen. Zusammen ergeben diese dann wiederum einen weltweiten Standard – vor allem, wenn es gelingt, in all diesen Verträgen einheitliche oder zumindest doch vergleichbare Regelungen unterzubringen. Trotz mancher Rückschläge ist man hier schon sehr weit vorangekommen.

Freihandelsabkommen, die hauptsächlich dem Abbau von Einfuhrzöllen dienen, gibt es schon seit Längerem. Insgesamt beläuft sich ihre Zahl nach Angaben der Welthandelsorganisation inzwischen auf gut 300. Allein die Bundesrepublik Deutschland hat etwa 100 solcher Abkommen geschlossen, dabei sind die Länder der EU schon mit eingerechnet.

Die Flickenteppich-Strategie erklärt auch, warum es beim transatlantischen Freihandelsabkommen in Wirklichkeit gar nicht um amerikanische und europäische Blinklichter und teure Export-Schuhe geht und warum dieses Abkommen beispielsweise die Einsetzung von Investitionsschiedsgerichten vorsieht, die auf den ersten Blick völlig absurd erscheinen. Weil es eben um viel mehr geht als um die Anpassung von Regelungen an die Wirklichkeit. Es geht darum, wer künftig in der Weltwirtschaft das Sagen hat: die Politik oder die großen Konzerne.

Im Grunde hat das der EU-Kommissionspräsident José Manuel Barroso im Juni 2013 schon zum Auftakt der Verhandlungen recht deutlich ausgesprochen, als er sagte: »Das derzeitige Wirtschaftsklima zwingt uns, unsere Kräfte zu bündeln und mit weniger Aufwand mehr zu erreichen. Und, was noch wichtiger ist, wir müssen unsere Rolle als starke Global Player behalten, die die Standards und die Regeln für das 21. Jahrhundert festlegen.«[1]

Das TTIP und seine »Schwester«-Abkommen sollen also als neue Blaupause für die Regeln des internationalen Handels dienen. Und wenn die beiden großen Wirtschaftsblöcke sich erst einmal auf ein gemeinsames Regelwerk geeinigt haben, dann dürfte es bald weltweit gültig sein.

Natürlich geschieht das alles wieder einmal nur zu unserem Besten. So lautet jedenfalls die Botschaft. Aber sie kommt von falschen Freunden, die uns vorgaukeln, sie wollten den allgemeinen Wohlstand sichern und Arbeitsplätze schaffen. Wofür sie offenbar große Gefahren für die westlichen Demokratien in Kauf nehmen, ja sogar bereit sind, die Demokratie in erheblichem Umfang handlungsunfähig zu machen, weil die Folgen des Handelns irgendwann unbezahlbar werden könnten. Denn wenn jede politische Entscheidung zu milliardenschweren Schadensersatzzahlungen führen kann, trauen sich Regierungen bald gar nichts mehr. Die Folgen des Regierungshandelns würden dann irgendwann unbezahlbar. Die falschen Freunde aber haben ihre ganz eigenen Interessen, die sie nicht verfolgen können, wenn wir sie nicht gewähren lassen. Und wir haben eine Fülle von Gründen, warum wir uns nicht blenden lassen und warum wir sie nicht gewähren lassen sollten.

Die Diktatur der falschen Freunde

Wer aber sind die falschen Freunde? Die Antwort ist gar nicht so einfach. Die einen sagen: Es sind die bösen Amerikaner, die den guten Europäern ihren Willen aufzwingen wollen – heimlich, still und leise, sodass sie es nicht merken. Andere sagen: Es sind die Europäer und die Amerikaner, die ihren westlichen Lebensstil allen anderen aufoktroyieren wollen und den gut verkäuflichen Einheitsbrei in allen Lebensbereichen durchsetzen wollen, ohne Rücksicht auf regionale Traditionen und althergebrachte Gewohnheiten. Wieder andere sagen, hinter TTIP stünden die Interessen des Großkapitals, das die Herrschaft der Mega-Konzerne durchsetzen wolle. Nicht nur das gesamte Wirtschaftsleben soll kontrolliert werden, sondern am besten auch gleich noch das politische System und die Vertreter der diversen Parteien, damit Letztere nach der ökonomischen Pfeife tanzen. Das Freihandelsabkommen ist in dieser Sichtweise nichts anderes als das letztes Mosaiksteinchen in einer Art Diktatur multinationalen Konzerne.

Alle diese Sichtweisen setzen – man ahnt es – auf grobe Vereinfachungen. Aber ganz so grob und einfach ist die Wirklichkeit dann doch nicht.

Die falschen Freunde, die gibt es. Aber es sind nicht die bösen Amerikaner auf der anderen Seite des Atlantiks, es sind nicht die Über-einen-Kamm-Scherer und Gleichmacher in den politischen Machtzentren der Europäischen Union, es sind nicht irgendwelche finsteren Weltverschwörer und auch nicht überlebensgroße Industriemagnaten in fernen Konzernzentralen, welche die Weltherrschaft an sich reißen wollen, um uns noch schlechtere und sinnlosere Produkte verkaufen zu können, als sie es ohnehin schon tun.

Die falschen Freunde sind jene, die aus den unterschiedlichsten Gründen, und sei es nur aus Naivität, einer verhängnisvollen Ideologie anhängen. Der Ideologie nämlich, dass das Wirtschaftswachstum allein schon ein Wert an sich ist, dass ein zu erwartender hoher Profit beinahe jede Aktion rechtfertige. In ihrer abgemilderten Form kommt diese Ideologie mit dem Argument daher, sie sei die einzige, die Arbeitsplätze schaffe, und schon deshalb »alternativlos«.

Es sind sehr einfache Rezepte, die uns die falschen Freunde da präsentieren. Scheinbar jeder kann sie verstehen und nachvollziehen: Wachstum schafft Profite, und Profite schaffen Arbeitsplätze. Das ist so ungefähr die primitivste Grundregel des Wirtschaftslebens. Völlig falsch ist sie nicht. Auch wenn man inzwischen in den Chefetagen ganz versiert darin ist, gute Profite mit immer weniger Arbeitsplätzen zu erwirtschaften.

Das Problem beginnt dort, wo sich alles andere dem Primat der Wirtschaft unterzuordnen hat. Wenn es nämlich egal ist, wie wir arbeiten, um zu überleben, und wenn es egal ist, was wir essen und was wir trinken, und wenn nur noch zählt, was wir zum Wachstum der Unternehmen beitragen, mit denen wir in unserem Leben auf die eine oder andere Art zu tun haben. Wir haben diesen Weg längst eingeschlagen, und wir sind auf diesem Weg schon ziemlich weit gekommen. Am Ende aber steht eine mehr oder minder sanfte, dabei aber alle Lebensbereiche umfassende Diktatur der Wirtschaft.

Wenn Riesen verhandeln

Die Akteure im Spiel der Interessen: Warum die Wirtschaft schon bald keine Politiker mehr braucht

Ungefähr 300 verschiedene Freihandelsabkommen sind bei der Welthandelsorganisation WTO registriert, meist solche zwischen Industrienationen und kleinen Entwicklungsländern, von denen angeblich beide Seiten profitieren. Sie sollen den unkomplizierten Austausch von Waren und Dienstleistungen zwischen Ländern ermöglichen, Zölle ganz abschaffen und Investoren in mindestens eines der beteiligten Länder locken. Wenn es billige T-Shirts und Blusen aus Bangladesch in deutschen Geschäften gibt, preiswerte Kameras aus Japan und günstige Flachbildschirme aus Südkorea, und wenn Deutschland unter den größten Exportnationen eine Führungsposition einnimmt, dann liegt das am freien Handel und an entsprechenden Abkommen.

Zwischen den USA und der Europäischen Union, die zusammen die Hälfte des weltweiten Bruttosozialprodukts erwirtschaften, gibt es allerdings bis heute kein einziges Freihandelsabkommen. Und das, obwohl 17 Prozent aller EU-Exporte in die USA fließen und umgekehrt sogar 19 Prozent aller US-Exporte nach Europa.

Das ist zwar schon recht beachtlich, doch die Wirtschaft ist der Ansicht, dass da noch mehr herauszuholen ist. Wenn zum Beispiel die deutsche Automobilwirtschaft nicht mehr jedes Jahr eine Milliarde Euro an Zöllen an die USA überweisen muss. So ist es nicht weiter erstaunlich, dass über kurz oder lang auch die Politik auf den Freihandelszug aufsprang.

Erste Pläne für einen gemeinsamen Wirtschaftsraum gab es bereits kurz nach dem Fall der Mauer und dem Ende des Ostblocks, und darüber verhandelt wurde auch bereits. Damals noch weitgehend unbemerkt von der Öffentlichkeit. Die Gespräche scheiterten zunächst im Jahr 2008, als alle Welt mit der Finanzkrise beschäftigt war. Die wiederum führte zum stärksten Rückgang des Warenhandels seit 1950: Von 2008 auf 2009 sank der Anteil der Warenexporte am weltweiten Bruttosozialprodukt um zehn Prozent. Da waren neue Impulse zur Steigerung der Exporte gefragt.

Irgendwann gegen Ende 2010 taten sich drei Präsidenten zusammen, um abermals zu versuchen, ein transatlantisches Freihandelsabkommen auf den Weg zu bringen: Barack Obama (US-Präsident), Herman Van Rompuy (EU-Ratspräsident) und José Manuel Barroso (EU-Kommissionspräsident). Sie setzten die »EU-US-High-Level Working Group on Jobs and Growth« (HLWG) ein, eine internationale Expertenkommission, die von 2011 an untersuchen sollte, wie die USA und die Europäische Union in Zukunft gemeinsam Arbeitsplätze und Wachstum schaffen könnten.

In ihrem Abschlussbericht vom Februar 2013 kam diese Kommission zu dem Ergebnis, dass eine transatlantische Handels- und Investitionspartnerschaft, sprich: ein Freihandelsabkommen, der Erreichung dieser Ziele förderlich wäre. Bei den Experten handelte es sich freilich nicht um unabhängige Wissenschaftler (oder bestenfalls nur zum geringen Teil) und auch nicht um Vertreter kleiner oder mittelständischer Betriebe, die meist ohnehin lokal oder regional operieren und deshalb kaum Vorteile von einem internationalen Abkommen haben. Vielmehr waren die Mitglieder der Arbeitsgruppe fast ausschließlich Interessenvertreter von Automobilkonzernen, Bankenvereinigungen und Industrieverbänden, wie der US-Handelskammer und dem europäischen Unternehmerverband. Den Vorsitz hatten zwar der EU-Handelskommissar Karel De Gucht und der damalige US-Außenhandelsbeauftragte Ron Kirk inne, doch darüber hinaus scheint es sich um eine Arbeitsgruppe ohne namentlich bekannte Mitglieder und um einen Abschlussbericht ohne Autoren zu handeln. Zumindest sind deren Namen nicht öffentlich bekanntgegeben worden. Nach Aussagen der EU-Kommission gibt es keine Mitgliederliste und kein Dokument, in dem die Autoren verzeichnet sind. Der Nichtregierungsorganisation Corporate Europe Observatory (CEO) wurden weitere Auskünfte mit dem Hinweis verweigert, die fraglichen Angaben fielen nicht unter die Regelungen zur Informationsfreiheit der Europäischen Union, deshalb dürfe man keine Auskunft geben. Trotzdem hat CEO einiges herausgefunden. Zum Beispiel, dass an den Vorbereitungstreffen zahlreiche Lobbyorganisationen teilgenommen haben: der europäische Arbeitgeber-Dachverband BusinessEurope, die neoliberale Denkfabrik Bertelsmann-Stiftung, das Transatlantic Policy Network, der Atlantic Council und der Transatlantic Business Dialogue (TABD) – allesamt Einrichtungen, die der Industrie mehr als nahestehen und deren Interessen sehr offensiv vertreten.

Insgesamt 130 Gesprächsrunden gab es in dieser »High-Level«-Arbeitsgruppe, nur elf davon mit Vertretern von Verbraucherschutzorganisationen, die anderen 119 fanden mit Industrieverbänden statt. Auch das wurde erst im Oktober 2013 bekannt, nachdem die *New York Times* geheime Dokumente veröffentlicht hatte und befand: »Das lässt einen Einblick zu, in welchem Ausmaß die europäischen Verhandlungsführer es den Lobbyisten der Großindustrie gestatten, die Agenda zu bestimmen.«[2]

Die Arbeitsgruppe entwarf ein klar neoliberales Programm mit einer breiten Palette an anzustrebenden Handelsliberalisierungen, von den Agrarmärkten bis zur Pharmaindustrie, von den internationalen Finanzmärkten bis hin zur Vorzugsbehandlung für Investoren. Überraschend ist das nicht, schließlich bestand die HLWG nicht aus Vertretern von Gewerkschaften, Kirchen, Nichtregierungsorganisationen und anderen Gruppen der sogenannten Zivilgesellschaft, sondern aus Wirtschaftsvertretern – auch wenn man bis heute nicht genau weiß, aus welchen. Und schließlich geht es ja auch nicht um ein Klimaschutzabkommen, sondern um eine Vereinbarung, die dem Handel nützen soll. Die stärkere Einbindung

Final Report
High Level Working Group on Jobs and Growth

February 11, 2013

INTRODUCTION

As the United States-European Union High Level Working Group on Jobs and Growth (HLWG) noted in its June 19, 2012 Interim Report, transatlantic trade and investment are the backbone of the world economy. Together, the European Union (EU) and the United States account for nearly half of world GDP and 30 percent of world trade. Each day, goods and services worth $2.7 billion/€2.0 billion are traded bilaterally, promoting economic growth and supporting millions of jobs in both economies. In addition, the United States and the EU have directly invested more than $3.7 trillion/€ 2.8 trillion on both sides of the Atlantic.

We are proud of this immensely successful economic relationship. At the same time, we believe that we can do more to strengthen the contribution of trade and investment to fostering jobs, growth, and competitiveness in both economies. Our shared commitment to strengthening further the transatlantic economic partnership prompted U.S. and EU Leaders to establish the HLWG during their November 2011 Summit meeting, tasking it with identifying "policies and measures to increase U.S.-EU trade and investment to support mutually beneficial job creation, economic growth, and international competitiveness."

As Leaders requested, the HLWG has analyzed jointly a wide range of potential options for expanding transatlantic trade and investment. These included, but were not limited to, the following:

- Elimination or reduction of conventional barriers to trade in goods, such as tariffs and tariff-rate quotas.

- Elimination, reduction, or prevention of barriers to trade in goods, services, and investment.

- Enhanced compatibility of regulations and standards.

- Elimination, reduction, or prevention of unnecessary "behind the border" non-tariff barriers to trade in all categories.

- Enhanced cooperation for the development of rules and principles on global issues of common concern and also for the achievement of shared global economic goals.

The HLWG has reached the conclusion that a comprehensive agreement that addresses a broad range of bilateral trade and investment issues, including regulatory issues, and contributes to the development of global rules, would provide the most significant mutual benefit of the various options we have considered. We therefore recommend to Leaders that each side initiate as soon as possible the formal domestic procedures necessary to launch negotiations on a comprehensive trade and investment agreement.

Klare Interessen: Die erste Seite des Abschlussberichts der »EU-US-High-Level Working Group on Jobs and Growth«, die Vorgaben liefern sollte für die anstehenden TTIP-Verhandlungen. Sie bestand zum großen Teil aus Experten der freien Wirtschaft.

konkurrierender Interessen war offenbar von Anfang an nicht beabsichtigt.

Am 12. Februar 2013 kündigte US-Präsident Barack Obama in seiner Rede zur Lage der Nation jedenfalls an, die Vereinigten Staaten verhandelten mit der EU nun über ein transatlantisches Freihandelsabkommen, das neuen Wohlstand und mehr Arbeitsplätze verspreche.

Geräuschlos und zügig: Die Agenda für TTIP

Seither laufen die Verhandlungen unter höchster Geheimhaltung. Als ginge es nicht um ein Projekt der globalisierten Wirtschaft, das 820 Millionen Menschen mehr oder weniger direkt betreffen wird, sondern um ein höchst brisantes, militärstrategisches Vorhaben, in das nur die ranghöchsten Generäle und Staatsmänner eingeweiht werden dürfen. Diesen Eindruck erwecken jedenfalls die Verhandlungsführer und Macher hinter den Kulissen. In den USA ist das der jetzige oberste Handelsbeauftragte Michael Froman, Nachfolger von Ron Kirk, in Europa waren es bis Ende 2014 der für den Handel zuständige EU-Kommissar Karel De Gucht und sein oberster Verhandlungsführer Ignacio Garcia Bercero, ein altgedienter EU-Beamter, Direktor in der Handelsabteilung der Kommission und dort unter anderem für die Vereinigten Staaten zuständig. Sein Gegenüber Dan Mullaney war schon einmal vier Jahre lang Handelsattaché in Brüssel und ist seit den Neunzigerjahren ein führender Beamter im Handelsministerium der USA mit einem Faible für Belgien und Frankreich.

Karel de Gucht, Jahrgang 1954, kommt von den flämisch-belgischen Liberalen und war von 2004 bis 2009 Belgiens Außenminister, bevor er 2010 zum EU-Handelskommissar ernannt wurde. Er ist zweifellos ein strammer Marktradikaler, der vor starken Worten nicht zurückschreckt und dem einen oder anderen Skandal auch nicht aus dem Weg geht. So geriet er im Oktober 2008 in den Verdacht des Insiderhandels: Seine Frau und sein Schwager hatten Aktien der belgischen Fortis Bank verkauft – wenige Stunden nachdem das Kabinett, dem De Gucht damals angehörte, im Zuge der Finanzkrise die Verstaatlichung der Bank beschlossen hatte. Öffentlich bekanntgegeben wurde das allerdings erst ein paar Stunden später, und da hatten Frau und Schwager ihre Aktien bereits verkauft. Ein merkwürdiger Zufall.

Man kann also sagen, Karel De Gucht ist mit allen Wassern gewaschen. Sein Mantra lautet: »Wir leben in einer globalisierten Welt, das ist nicht zu ändern, aber wir wollen sie wenigstens gestalten.«[3] Wer genau die Gestalter sind, ist allerdings die Frage, und wenn Karel De Gucht gestaltet, dann tut er das bisweilen auf recht ruppige Art. So, wenn er TTIP-Kritiker einlädt, ihre Einwände zum Investorenschutz auf einer Online-Plattform der EU einzutragen und der Server dann wegen 149 399 Eingaben zwischenzeitlich zusammenbricht: »Das war eine regelrechte Attacke. Dass so viele Beiträge identisch sind, spricht für eine konzertierte Aktion.«[4] Und wenn man ihm vorhält, dass bereits eine halbe Million Europäer gegen TTIP unterschrieben haben, wird er schon mal pampig: »Ich spreche für 50 Millionen Europäer, sie haben also immer noch einiges zu tun«, sagte er etwa bei einer Anhörung Anfang Mai 2014 im Berliner Wirtschaftsministerium.

»Der große Kampf im Welthandel der Zukunft«, weiß der Handelskommissar, »wird sich um Normen, Standards, Staatshilfen und Regulierungen drehen, nicht mehr um Zölle. Wir Europäer müssen global die Standards setzen, damit es nicht andere für uns tun.«[5] Eigentlich war es sein Ziel gewesen, die Verhandlungen geräuschlos und flott bis Herbst 2014, spätestens aber bis Frühjahr 2015 über die Bühne zu bringen.

Daraus ist nichts geworden, wie man weiß, und obwohl Karel De Gucht angeblich am liebsten selbst weiterverhandelt hätte (»ein neuer Kommissar verliert sechs Monate«[6]), wechselte er dann doch das

Fach und wurde nach der Europawahl 2014 Kommissar für Außenpolitik. Seine Nachfolgerin als Handelskommissarin und damit zuständig für die Verhandlungen über das umstrittene Freihandelsabkommen mit den USA ist die Schwedin Cecilia Malmström, von 2010 bis 2014 EU-Kommissarin für Innenpolitik. Auch sie ist natürlich eine klare Verfechterin des Freihandels, geht aber weniger forsch vor als De Gucht. Immerhin verspricht sie, die Argumente der TTIP-Gegner ernst zu nehmen und »mehr Transparenz in die Verhandlungen« zu bringen, und zu den umstrittenen Investitionsschutzklauseln sagt sie: »Wir müssen aufpassen, dass daraus keine Geheimgerichte werden, über die Unternehmen Staaten ihre Regeln überstülpen können.«[7] Ob das rein taktische Äußerungen sind, muss sich allerdings erst noch erweisen.

Die von De Gucht gewünschte zügige Agenda bei den Verhandlungen war allerdings schon Mitte 2013 ins Stocken geraten. Nach der ersten Verhandlungsrunde vom 7. bis 12. Juli 2013 in Washington folgten 2013 noch zwei weitere Gesprächsrunden in Brüssel und Washington, aber bis dahin waren – trotz äußerster Geheimhaltung und öffentlich nicht bekanntgegebener Versammlungsorte – bereits so viele Details aus Grundsatz- und Verhandlungspapieren an die Öffentlichkeit gelangt, dass keine Chance mehr bestand für ein simples »Weiter so!«. De Gucht musste zeitweise sogar die Verhandlungen über das besonders umstrittene Investorenklagerecht aussetzen.

Zu diesem Zeitpunkt war schon nicht mehr allzu viel zu retten. »Wer so verschwiegen vorgeht, der muss allerhand zu verbergen haben«, sagte sich die öffentliche Meinung, und das, was sie auf vielerlei Umwegen über TTIP, aber auch über die höchst geheim nahezu ausverhandelten Abkommen TiSA und CETA erfuhr, ohne dass irgendjemand groß Wind davon bekommen hätte, machte die Sache nicht einfacher.

Verhandelt wird seitdem ungefähr im Monatstakt. Etwa 80 Köpfe stark soll die europäische Delegation jeweils sein, bis zu acht Arbeitsgruppen brüten parallel in den Konferenzsälen über der Einfuhr von europäischem Rindfleisch in die USA und umgekehrt, über der Einfuhr von Kleinlastern nach Amerika und den Klagerechten, die Investoren eingeräumt werden sollen. Und das, was hier ausgehandelt wird, dient zugleich als Standard für viele weitere internationale Abkommen. Wenn die Amerikaner den Europäern entgegenkommen, dann wird China als größte Wirtschaftsmacht dieses Entgegenkommen sehr wahrscheinlich auch einfordern, sollte es Verhandlungen über ein Freihandelsabkommen geben.

Und so mühen sich die Verhandlungspartner durch die Agenda. Die Europäer, so heißt es, treten den Amerikanern zu selbstbewusst auf, die Amerikaner wiederum sind wenig kompromissbereit, was Investorenschutzrechte sowie Leistungsschutz- und Patentrechte angeht. Dazu kommt eine empörte Öffentlichkeit in Form von Umweltschutzverbänden, Verbraucherschützern und Gewerkschaften, die man zumindest formal und zum Schein irgendwie einbinden soll, neben all den Interessengruppen und Lobbyverbänden aus der Wirtschaft.

Und die nationalen Parlamente sind keineswegs gewillt, die Verhandlungskommission einfach machen zu lassen und danach mit Ja oder Nein abzustimmen. Im Gegenteil: Es sieht ganz danach aus, als wollten sowohl der US-Kongress als auch die 28 nationalen Parlamente Europas noch mitreden und Änderungen am fertigen Vertragswerk vornehmen, Geheimklauseln und Nebenabreden kippen und die Delegationen zum Nachverhandeln wieder in die Brüsseler und Washingtoner Kongresszentren schicken. Karel De Gucht wollte das für Europa vermeiden und hat deshalb den Europäischen Gerichtshof eingeschaltet. Der sollte entscheiden, ob die einzelnen Staaten überhaupt ein Mitspracherecht haben. Wie das Gericht entscheiden soll, ohne den Vertragstext zu kennen, wird wohl sein Geheimnis bleiben. Seine Nachfolgerin Malmström rechnet jedenfalls damit, wie sie im November 2014 der *Süddeutschen Zeitung* sagte, dass sowohl CETA als auch TTIP ein sogenanntes »gemischtes Abkommen« sein werden, das alle Mitgliedsländer einzeln ratifizieren müssen.[8]

Die Wirtschaft braucht bald keine Regierungen mehr

Was nationale Parlamente in wirtschaftlichen Fragen überhaupt noch entscheiden dürfen, sollte das Freihandelsabkommen in seiner reinsten Form in Kraft treten und der freie Handel die Macht übernommen haben, ist die große Frage. Ihre Kompetenzen, was den gemeinsamen internationalen Handel angeht, haben die nationalen Volksvertretungen mit dem Vertrag von Lissabon ja bereits an die EU-Kommission abgetreten. Und Karel De Gucht war zum Beispiel der Ansicht, dass einem fertig ausverhandelten TTIP nur noch das Europaparlament zustimmen müsse, nicht aber die 28 Länder-Parlamente. Aus seiner Sicht ist das verständlich, denn die Geschichte lehrt: Bei 28 Ländern kann leicht einmal etwas nicht so laufen, wie ein Handelskommissar sich das vorstellt.

Was die Genehmigungspraxis angeht, dürfte De Gucht sich ohnehin getäuscht haben. Der deutsche Wirtschaftsminister Sigmar Gabriel etwa ist der Ansicht, dass es sich bei TTIP um ein sogenanntes »gemischtes Abkommen« handele, bei dem auch nationale Zuständigkeiten betroffen seien – und dann müssten eben doch wieder alle 28 Länder zustimmen. Das, finden nicht nur die Deutschen, sei ohnehin sinnvoll. Würde nur das Europaparlament gefragt, wüchse der Widerstand noch, sagt Gabriel: »Dann wird es nichts mit dem Abkommen.«[9]

Wenn es aber kommt? Dann ist es jedenfalls noch lange nicht fertig. Denn ebenso wie beim Dienstleistungsabkommen TiSA soll ein Mechanismus ins Vertragswerk eingebaut werden, der automatisch Aktualisierungen und Änderungen aufnimmt, ohne dass nationale Regierungen groß gefragt werden müssten. Diese Aufgabe soll einem europäisch-amerikanischen »Regulierungsrat« obliegen, dessen Arbeitsgruppen auch Wirtschaftsvertreter beider beteiligter Parteien aus der EU und den USA angehören sollen. Dieser Regulierungsrat soll eingeschaltet werden, wenn Neuerungen oder neue Verordnungen anstehen.

Bei der EU-Kommission nennt man so etwas »regulatorische Kooperation«. Die jeweils andere Seite, so heißt es in einem geheimen Entwurf vom 5. März 2014, solle befragt werden, wenn »Maßnahmen« deren »Marktteilnehmer berühren«.[10] Bevor das Europaparlament oder irgendeine nationale Regierung davon erfährt, haben also Wirtschaftslobbyisten und Regierungsbeamte aus Washington bereits Kunde von irgendwelchen Plänen der Kommission. Und umgekehrt.

Fehlt eigentlich nur noch, dass dieser Regulierungsrat auch Entscheidungsbefugnisse bekommt und die jeweiligen Ergebnisse den nationalen Regierungen dann nur noch mitteilt.

Brüsseler Spitzbuben

Lobbyisten gegen Verbraucher: Wie in Europas Entscheidungs-gremien Einfluss ausgeübt und Politik gemacht wird

Manchmal sind Begrifflichkeiten des politischen Alltags, die ohnehin schon nichts Gutes bezeichnen, sogar noch recht beschönigend. Wenn man zum Beispiel in Europa an den Begriff »Lobby« denkt, dann schwingt da die Vorstellung von ebenjenem Vorraum zum Allerheiligsten des Parlamentarismus mit, in dem sich die Interessenvertreter versammeln, um die Abgeordneten vor ihrer Entscheidung zu beeinflussen. Derartige Einflüsterer und Interessenvertreter gibt es in allen parlamentarischen Systemen, und sie kommen aus den unterschiedlichsten gesellschaftlichen Bereichen.

In Europa ist das allerdings noch ein bisschen anders. Hier haben vor allem die großen Wirtschaftsverbände die Nase vorn; sie können sich ein entsprechendes Engagement auch leichter leisten als etwa Verbraucherschutzvereine oder Nichtregierungsorganisationen. Und vor allem: Sie begnügen sich längst nicht mehr damit, ihren Einfluss in den Vorräumen der Macht auszuüben, vielmehr sitzen sie oft mit am Tisch, wenn es um neue gesetzliche Regelungen geht und um rechtliche Vorgaben, welche die Europäische Kommission ausbrütet und dann durch das Europaparlament und die nationalen Regierungen absegnen lassen will. Nach vorsichtigen Schätzungen sind in Brüssel allein 15 000 Lobbyisten tätig, Nichtregierungsorganisationen sagen, es könnten auch doppelt so viele sein.[11] Ein verbindliches Lobbyregister aller Interessenvertreter existiert nicht.

Normalerweise ziehen Lobbyisten alle erdenklichen Register, um ihren Einfluss geltend zu machen. Als es zum Beispiel um die Verschärfung der europaweiten Tabakrichtlinie ging, die eigentlich bereits

2013 verabschiedet werden sollte, war für die Zigarettenindustrie Gefahr im Verzug. Geplant waren Schockbilder, die drei Viertel der Zigarettenschachteln einnehmen sollten, ein Verbot von Zusatzstoffen wie Vanille oder Menthol, die Jugendliche erst zu Abhängigen machen konnten. Dies galt es aus Sicht der Unternehmen zu verhindern oder doch zumindest hinauszuzögern – auch das eine beliebte Methode der Industrie. Und so schickten fast 100 Organisationen der Tabakindustrie ihre Abgesandten los, allen voran die drei großen Konzerne Philip Morris, British American Tobacco und Japan Tobacco. Um ihre Interessen zu wahren, investierten sie fast drei Millionen Euro – vor allem in Reisekosten und Spesen für ihre Lobbyisten, wie es heißt. Das klingt durchaus glaubhaft, schließlich waren bis zu 200 Vertreter der Tabakindustrie wochenlang in Brüssel. Zunächst einmal nur, um auf die EU-Kommission einzuwirken, damit deren Gesetzgebungsvorschlag nicht allzu industriefeindlich ausfiel. Und dann, in einer zweiten Phase, um auf die EU-Abgeordneten der einzelnen Länder Einfluss zu nehmen. Denn die konnten ja Änderungsanträge einbringen, ebenso wie die nationalen Regierungen, die den Regelungen dann noch zustimmen mussten.

Besonders interessant waren in diesem Zusammenhang die 71 Mitglieder des Umwelt-, Gesundheits- und Lebensmittelausschusses im Europaparlament. Wie es Brauch ist im Lobbyismus, wurden sie gründlich »bearbeitet«: Man trifft sich mehrmals mit den jeweiligen Parlamentariern und warnt sie möglichst eindringlich vor den schädlichen Folgen zu strenger Regelungen für die heimische Wirtschaft. Meistens wird Druck bei Bürobesuchen aufgebaut, das aber in einem »sehr herzlichen, keineswegs drohenden Ton«, wie ein spanischer EU-Abgeordneter der Zeitung *El País* über die Kampagne der Tabakindustrie erzählte: »Es ist keine besonders angenehme Angelegenheit. Aber alle Aktionen bewegten sich im Rahmen der Legalität.« Unter Druck gesetzt fühle man sich aber sehr wohl.[12]

Das ist schließlich auch der Sinn der Sache. Der englische *Observer* enthüllte im September 2013, dass der amerikanische Zigarettenkonzern Philip Morris bereits im ersten Halbjahr 2012 alle Hebel in Bewegung gesetzt hatte, um die Tabakrichtlinie bis zur nächsten Europawahl hinauszuzögern und die ärgsten Auflagen zu verhindern. Die Zeitung war an interne Papiere gelangt, die bewiesen, dass Philip Morris nicht weniger als 161 Angestellte und Berater auf die Europaparlamentarier angesetzt hatte. Für Treffen mit ihnen hatte das Unternehmen 1,25 Millionen Pfund aufgewendet. Ein Drittel aller EU-Abgeordneten – vorwiegend solche der Europäischen Volkspartei und des Mitte-Rechts-Blocks – hatten die Lobbyisten mindestens einmal aufgesucht, einige sogar vier- bis fünfmal. Darüber hinaus waren auch Vertreter der Bauernverbände, des Einzelhandels und von Handelskammern und Wirtschaftsorganisationen Ziele der Philip-Morris-Lobbyisten.

Die Tabakrichtlinie ist im Februar 2014, kurz vor den Neuwahlen zum Europaparlament, dann doch noch verabschiedet worden. Aber einige Verzögerungen hat die Tabak-Lobby erreicht. So müssen die abschreckenden Schockfotos auf den Zigarettenpackungen »nur« 65 statt 75 Prozent der gesamten Packung einnehmen und überhaupt erst 2017 darauf angebracht werden. Und Menthol-Zigaretten darf es noch ein bisschen länger geben als ursprünglich vorgesehen; sie müssen erst 2020 vom Markt verschwinden. Man kann das wohl als Teilerfolg für Philip Morris werten.

Eine sehr eigene Art der Gesprächskultur

Der Aufwand, den die Tabakindustrie betrieben hat, um Einfluss auf die europäische Tabakrichtlinie zu nehmen, war nach Aussagen von Insidern besonders groß und überstieg die normalen Aufwendungen für Lobby-Arbeit in Brüssel und Straßburg. Trotzdem wirft sie ein bezeichnendes Licht auf die Aktivitäten, die diverse Branchen entwickeln, um bei der Gesetzgebung in der EU Gehör zu finden und ihre Interessen durchzusetzen. Solche Gespräche in herzlicher

Atmosphäre gehören zum Alltag im parlamentarischen Betrieb der Europäischen Union, und wenn man sich schon einmal so gut versteht, dann ist es auch ganz normal, dass man miteinander im Gespräch bleibt. Sehr aktiv auf diesem Gebiet scheinen insbesondere die großen US-Konzerne der IT-Branche zu sein. Was die Reform des Datenschutzes angeht, finden sich Passagen aus den Stellungnahmen dieser Konzerne teilweise wortwörtlich in Änderungsanträgen von Europaparlamentariern wieder, wie die Antikorruptionsorganisation Transparency International herausgefunden hat.

Welche Ausmaße diese Gesprächskultur inzwischen angenommen hat, untersuchte zum Beispiel die »Alliance für Lobbying Transparency and Ethics Regulation« (ALTER-EU) in ihrer Studie »Ein Jahr der gebrochenen Versprechungen«, die im November 2013 veröffentlicht wurde.[13] ALTER-EU ist ein Zusammenschluss von rund 200 Vereinen, Initiativen und Gewerkschaften, die es sich zum Ziel gesetzt haben, über den grassierenden Lobbyismus in Brüssel und Straßburg zu informieren. In der Studie ging es um die Zusage der EU-Kommission an das Europaparlament, jene Expertengruppen, die bei der Abfassung von europaweit gültigen Normen und Verordnungen beraten, künftig ausgewogener und transparenter zu besetzen. Häufig bestehen diese Expertengruppen nämlich größtenteils aus Vertretern der Großindustrie und der internationalen Konzerne. Mittelständler, Gewerkschafter, Wissenschaftler und Mitglieder von Nichtregierungsorganisationen sind hingegen kaum oder nur in verschwindend geringer Zahl vertreten.

Den Europaparlamentariern wurde das im November 2011 zu viel. Sie froren den Etat für diese Expertengruppen ein und wiederholten diese Aktion im März 2012 noch einmal, bis die Kommission Zugeständnisse machte. Künftig, so hieß es, sollten die Gruppen nicht mehr von Großunternehmen dominiert werden, ausgewiesene Lobbyisten sollten nicht mehr in ihrer persönlichen Funktion hinzugezogen werden können, um so die Lobbyisten-Quote zu unterlaufen, Beratungsposten müssten künftig öffentlich ausgeschrieben werden, und bei der Zusammensetzung der Expertengruppen müsse fortan volle Transparenz herrschen. Nur unter diesen Bedingungen war das Parlament bereit, die zwei Millionen Euro jährlich für die Beratungsgremien wieder zur Verfügung zu stellen. Die Kommission lenkte ein.

Die Lobbyismus-Kritiker von ALTER-EU haben lediglich ein einziges Jahr untersucht – ab September 2012. In dieser Zeit berief die EU-Kommission insgesamt 38 neue Expertengruppen ein. In ihnen, so fand ALTER-EU heraus, saßen mehr Vertreter der Großindustrie als Mitglieder aller anderen Interessengruppen. In den Beratergremien, die Steuerregelungen zuarbeiten sollen, sitzen der Studie zufolge zu 79 Prozent Lobbyisten von Konzernen und internationalen Wirtschaftsprüfern wie Deloitte oder Pricewaterhouse Coopers. Demgegenüber sind kleine und mittelständische Unternehmen nur mit drei Prozent vertreten, die Gewerkschaften gar nur mit einem Prozent.[14] Eine 15-köpfige Expertengruppe zur Bekämpfung von Steuerhinterziehung, Steuervermeidung und Steuerflucht, die nach einem Gipfelbeschluss der europäischen Staats- und Regierungschefs im Mai 2013 eingerichtet wurde, besteht zu zwei Dritteln ausgerechnet aus Steuerberatern, Wirtschaftsprüfern und Vertretern von Verbänden, die sich um Steuervermeidung verdient machen. Da darf man auf wertvolle Tipps zur Schließung von Schlupflöchern hoffen. Und bei der Expertengruppe zur Vorratsdatenspeicherung gibt es sieben externe Berater, die allesamt von großen Telekommunikationsunternehmen, wie etwa Vodafone, stammen. Auch vom Versprechen der EU-Kommission, die Expertengruppen öffentlich auszuschreiben, blieb nicht viel übrig. In drei Fünftel der Fälle hielt sie sich sowieso nicht daran. Insbesondere in den Bereichen Forschung und Innovation sowie Gesundheit und Verbraucherschutz – in der Kommission gibt es dafür jeweils eigene Generaldirektionen – wurde auf ein transparentes Verfahren gänzlich verzichtet.

So ist es wohl auch nicht weiter erstaunlich, dass an den Vorbereitungen für die Verhandlungen über ein transatlantisches Freihandelsabkommen sehr viele Wirtschaftsvertreter beteiligt waren. Prinzipiell ist dagegen insoweit wenig zu sagen, als es ja um den Welthandel geht, und da ist die Meinung der Handelnden natürlich wichtig. Es stellt sich aber die Frage, ob sie die Agenda tatsächlich so dominieren müssen, wie sie es offenbar getan haben. Denn trotz all der Geheimhaltung drang durch, dass große Verbraucherverbände und Gewerkschaften nur sehr marginal an den Vorbereitungstreffen beteiligt waren, die Berater der Lobby- und Industrievereinigungen hingegen sehr wohl und in weit größerem Maße.

Der Einfluss der Lobbyisten ist dabei keineswegs auf eine Seite des Atlantiks begrenzt, im Gegenteil. Vermutlich lässt sich kaum sagen, wo er ausgeprägter ist: in der EU oder in den USA.

Auch in den USA berät fast nur die Industrie

Für die Verhandlungen über das Freihandelsabkommen ist in den USA der United States Trade Representative (USTR) Michael Froman zuständig. Die Behörde des US-Handelsvertreters ist dem Präsidenten unterstellt und zuständig für die internationalen Handelsbeziehungen der Vereinigten Staaten. Man kann sich vorstellen, dass die Großen der Wirtschaft auch bei ihm eifrig antichambrieren – mal ganz offen, mal weniger offen.

Vergleichsweise offen geschah das zum Beispiel im Juli 2013 in Washington bei einem jener Treffen, bei denen die unterschiedlichsten Interessengruppen der Behörde ihre Vorschläge und Einwände zu den Verhandlungen über das Freihandelsabkommen darlegen sollten. 350 solcher Interessenvertreter waren eingeladen, 50 verschiedene Gruppierungen durften jeweils zehn Minuten lang den Verhandlungsführern der EU und der USA ihre Vorstellungen präsentieren, darunter Gewerkschaften und Verbraucherschutzorganisationen ebenso wie eher marginale Profiteure eines solchen Abkommens, beispielsweise das Internet-Auktionshaus eBay. Aber selbstverständlich waren auch die großen Verbände, die wirklich profitieren könnten vom TTIP, anwesend, beispielsweise Croplife, der Verband der Saatguthersteller, dem vor allem Gensaatproduzenten wie Monsanto, Bayer Cropscience, Dupont und Cargill angehören. Im Unterschied zu vielen anderen auf diesem Jahrmarkt der TTIP-Betroffenen haben sie die Anwesenheit aber eigentlich gar nicht nötig, weil sie beim US-Handelsrepräsentanten ohnehin schon gut vertreten sind.

Fromans Behörde lässt sich von 29 verschiedenen Komitees beraten, die aus insgesamt knapp 700 Mitgliedern bestehen – fast alle sind Berater aus der freien Wirtschaft. Die Agrarlobby ist naturgemäß gut vertreten. Ihre Berater – sie machen etwa 90 Prozent der Mitglieder in den entsprechenden Komitees aus – haben Zugang zu den Verhandlungsdokumenten und können auf diesem Weg bequem Einfluss nehmen. Schauveranstaltungen wie die in Washington hat die Agrarlobby also überhaupt nicht nötig. Sie kann online über eine geschützte Website jederzeit auf die offiziellen Papiere zugreifen.

Diese Möglichkeit hätten Verbraucherschützer natürlich auch gern. Doch sie müssen auf die offiziellen Zusammenfassungen zurückgreifen, die öffentlich zugänglich sind. »Wir haben nichts«, zitierte etwa die *Süddeutsche Zeitung* im November 2013 die Aktivistin Melinda St. Louis von der US-Verbraucherschutzorganisation Public Citizen, »wir haben keine Ahnung, ob das Büro [des US-Handelsrepräsentanten; Anm. d. Verf.] unsere Beiträge überhaupt in Erwägung zieht.«[15] Und Ed Mierzwinski von der Nichtregierungsorganisation Transatlantic Consumer Dialogue sagt: »Die Agro-Firmen können den Prozess in Echtzeit beeinflussen. Sie sind im Inneren der Blase.«[16]

Den Verbraucherschutzorganisationen geht es dabei aber nicht viel anders als den gewählten Vertretern. So monierte der demokratische Senator Ron Wyden, Vorsitzender des Finanzkomitees für Internationalen Handel im US-Senat, an den Verhandlungen zum transpazifischen Freihandelsabkommen TTP, selbst er dürfe weniger Dokumente einsehen als die Lobbyisten in den Beraterkomitees der Handelsbehörde.

Wenn Kontrolleure aus Konzernen kommen

Pech eben, wenn man nur einfacher Politiker ist und nicht Angehöriger der Verwaltung oder Lobbyist. Wobei Letzteres oftmals ineinander übergeht. Man nennt das dann »Drehtürverfahren«, ein nicht nur in den Vereinigten Staaten weithin zu beobachtendes Phänomen: Hochrangige Mitarbeiter wechseln recht häufig hin und her zwischen der Tätigkeit in einer Behörde und einem Job in der freien Wirtschaft. Das beginnt übrigens schon beim Chef-Unterhändler in Sachen TTIP, dem US-Handelsrepräsentanten Michael Froman. Der war in den Neunzigerjahren im Finanzministerium tätig, ging dann zur Citigroup, einer der größten Banken der USA. Später holte ihn Barack Obama in sein Wahlkampfteam, und die Belohnung für sein dortiges Engagement war dann der Posten des obersten US-Handelsvertreters.

Ähnlich verhält es sich mit Fromans Spezialisten für Landwirtschaftsfragen. Der heißt Islam Siddiqui und war früher als Lobbyist für den Verband der Saatgut-Konzerne, Croplife, tätig. Einer seiner Vorgänger als Landwirtschaftsexperte beim USTR, Sean Darragh, ist inzwischen für den Verband der Lebensmittelproduzenten GMA tätig, zu dem auch große Agrarkonzerne wie Monsanto und Bayer Cropscience gehören. Seit 2012 sitzt er außerdem in Fromans Landwirtschaftskomitee, während seine GMA-Kollegin Pamela Bailey im Komitee für Handelspolitik vertreten ist. Es ist übrigens auch möglich, als ehemaliger Verwaltungsmitarbeiter gleich direkt bei einem Agrarkonzern zu landen. Melissa Agustin zum Beispiel, frühere Direktorin für Landwirtschaft beim USTR, arbeitet heute als registrierte Lobbyistin für Monsanto.

Dies sind nur wenige Beispiele, welche die Verhandlungen über das transatlantische Freihandelsabkommen zwischen Europa und den USA direkt betreffen. Tatsächlich aber sind die Beziehungen zwischen Wirtschaft und Verwaltung auf allen Ebenen noch sehr viel enger, und nur selten werden sie wirklich wahrgenommen und als Skandal begriffen – weil natürlich von unabhängigen Entscheidungen keine Rede mehr sein kann, wenn die Mit-Entscheider bei den Begünstigten, in den meisten Fällen große Unternehmen, in Lohn und Brot stehen, gestanden haben oder möglicherweise auch sehr bald wieder stehen werden.

Die Öffentlichkeit bekommt all das meist gar nicht so genau mit. Schon deshalb nicht, weil die Zusammenhänge oft schwer zu durchschauen sind. Und es kann durchaus sein, dass mancher Skandal einfach deshalb unentdeckt bleibt, weil das helle Scheinwerferlicht nur auf die ohnehin skandalträchtigen Zonen fällt. Der Konzern Monsanto etwa ist hier ein verlässliches Ziel: Kaum ein internationales Großunternehmen ist derart rücksichtslos, was die Durchsetzung seiner Interessen angeht, macht derart wenig Zugeständnisse an die Political Correctness und steckt dermaßen viel Geld in Lobbyarbeit, ohne einen Gedanken darauf zu verschwenden, wie das in der Öffentlichkeit wirken könnte.

In den USA hat Monsanto das System der Drehtür perfektioniert. Mit der Politik ist man auf allen Ebenen dicht vernetzt. Der zweimalige Verteidigungsminister Donald Rumsfeld war Vorstandsvorsitzender der Monsanto-Tochter Searle, die ehemalige Landwirtschaftsministerin Ann Venneman zuvor Geschäftsführerin des Gentechnologie-Unternehmens Calgene, ebenfalls eine Monsanto-Tochter. Richtig rund lief die Drehtür bei Mick Taylor. Der war erst ein hohes Tier bei der amerikanischen Verbraucherschutz- und Lebensmittelaufsichtsbehörde FDA, um dann Vizepräsident bei Monsanto zu werden und später wieder Chef der FDA, wo er dann für die Zulassung von Nahrungsmitteln verantwortlich war.

Auch die Europäische Behörde für Lebensmittelsicherheit, die

European Food Safety Authority (EFSA) mit Sitz im italienischen Parma, gerät immer wieder in die Schlagzeilen, weil einige ihrer maßgeblichen Amtsträger eng mit Unternehmen der Lebensmittelindustrie verbunden sind, und zwar über ein Institut mit dem harmlos klingenden Namen ILSI. Das Kürzel steht für International Life Sciences Institute, und diese Organisation wird im Wesentlichen von der Industrie finanziert. Dahinter stehen Konzerne wie McDonald's, Coca-Cola, Danone, Nestlé, Unilever und Kellogg, aber auch Agrarchemie-Unternehmen wie Bayer, Monsanto und BASF. Die Führungsposten in EFSA und ILSI wurden in der Vergangenheit immer wieder mit denselben Personen besetzt, die zwischen beiden Einrichtungen hin und her wechselten.

Für die Industrie ist das recht praktisch: Schließlich ist die europäische Behörde EFSA zuständig für die Gutachten, auf deren Grundlage die EU-Kommission entscheidet, welche Lebensmittel in den Handel gelangen, welche Tierrassen gezüchtet werden und welche Pflanzen die europäischen Bauern anbauen dürfen. Sie ist zuständig für die Genehmigung von Getreidesorten, etwa die umstrittene Genmaissorte 1507, und für die Zulassung von Zusatzstoffen in Nahrungsmitteln. Als oberste Wächterin im Lebensmittelbereich hält sie somit die Schlüssel für den Zugang zum Markt in Händen.

Der Masterplan der Hydra

Warum TTIP nur ein weiterer Meilenstein in einem
neoliberalen Schreckensbild ist

TTIP hat es sowohl in der europäischen als auch in der US-amerikanischen Gesellschaft mit bemerkenswerter Geschwindigkeit zu einem Schreckgespenst des Kapitalismus gebracht. Das ist auf der einen Seite durchaus berechtigt. Denn würde das Abkommen so umgesetzt, wie seine Apologeten es gerne hätten, so würden entscheidende demokratische Errungenschaften außer Kraft gesetzt, und vieles, was die Zivilgesellschaft in den vergangenen Jahren unter zum Teil großen Mühen erkämpft hat, wäre mit einem Schlag Makulatur.

Auf der anderen Seite ist dieses Freihandelsabkommen aber nur ein Mosaiksteinchen in einem viel größeren Gesamtbild, an dem seit gut 20 Jahren eifrig gearbeitet wird, ohne dass eine breitere Öffentlichkeit viel davon mitbekommen hätte. Immer geht es um Wirtschaftsverträge zwischen Nationen und Staatengemeinschaften, die oft einen bestimmten Sektor bedienen. Diese Verträge tragen Kürzel wie NAFTA, MAI, CETA, PA, ACTA, TiSA, TPP – und eben TTIP. Manche davon sind bereits beschlossene Sache, andere wurden niemals ratifiziert, einige sind am Widerstand einzelner Länder, Regierungen und Parlamente gescheitert, und ungefähr 20 solcher Abkommen werden derzeit noch verhandelt; gut 110 Länder sind in diese Verhandlungen involviert.

Das Erstaunliche ist, dass sie fast alle die gleiche Thematik behandeln und die immer gleichen Allheilmittel immer wieder aufs Tapet bringen – gleichgültig, ob sie zuvor schon einmal von einer breiten Mehrheit in den Parlamenten abgelehnt wurden oder nicht. Auch hart erkämpfte Ausnahmeregelungen in einzelnen Handelsverträgen stehen beim nächsten Mal erstaunlicherweise wieder auf der Tagesordnung, als wäre nichts geschehen.

Es scheint, als habe man es mit einer neunköpfigen Hydra zu tun. Jedes Mal, wenn ihr ein Kopf abgeschlagen wird, wachsen drei neue nach.

Wie aber ist es dazu gekommen? Warum knüpfen die Herrschenden der Wirtschaft überhaupt diesen Flickenteppich aus Freihandelsabkommen, der in naher Zukunft ein komfortables Herrschaftssystem ergeben könnte?

Die WTO als oberste Wirtschaftsinstanz

Im Prinzip existiert bereits ein Instrument, das der Wirtschaft dienen und den Handel auf dem Globus in sinnvolle Bahnen lenken soll: die Welthandelsorganisation WTO (World Trade Organization). 1994 nach siebenjähriger Verhandlungszeit von über 150 Staaten gegründet, nahm die WTO 1995 ihre Arbeit auf. Gemeinsam sollten Handelsschranken niedergerissen, Zölle abgebaut, der internationale Handel liberalisiert und irgendwann der internationale Freihandel erreicht werden. Es sollte weniger zwischenstaatliche Regeln geben, die Privatisierung öffentlicher Aufgaben sollte gefördert und die Wirtschaftspolitik der einzelnen Mitgliedsstaaten möglichst aufeinander abgestimmt werden. Außerdem sollte die WTO bei wirtschaftlichen Streitigkeiten zwischen einzelnen Mitgliedsstaaten schlichten.

Das Ganze ist ein klares neoliberales Programm, das weitestgehend den Rezepten der klassischen Wirtschaftsschulen und ihrer Lehren folgt. Es baut auf drei großen weltweiten Handelsabkommen auf, von denen eines schon lange vor Gründung der WTO existierte: das bereits 1947 als WTO-Vorläufer verabschiedete Allgemeine Zoll- und Handelsabkommen GATT (»General Agreement on Tariffs and

Trade«), das Allgemeine Abkommen über Handel mit Dienstleistungen GATS (»General Agreement on Trade in Services«), das 1995 in Kraft trat, und das Abkommen über den Schutz des geistigen Eigentums TRIPS (»Trade-Related Aspects of Intellectual Property Rights«), das sich mit dem Urheber-, Marken- und Patentrecht befasst und ebenfalls seit 1995 in Kraft ist. Ziel dieser Vertragswerke sind der Abbau von Zöllen und sämtlichen anderen Handelshindernissen sowie die weitgehende Gleichbehandlung aller Vertragspartner im Handel. Zu ihren Eckpfeilern gehört etwa das »Meistbegünstigungsprinzip«, demzufolge die einem Partnerland bewilligten Begünstigungen auch allen anderen WTO-Partnern eingeräumt werden sollen. Oder auch das »Prinzip der Inländergleichbehandlung«, nach dem ausländische Produkte gegenüber inländischen nicht benachteiligt werden dürfen.

In der Praxis hat die WTO mit ihren 159 Mitgliedsstaaten, davon zwei Drittel Entwicklungsländer, mit zahlreichen Schwierigkeiten zu kämpfen, weil sich nur selten volle Übereinstimmung zwischen allen beteiligten Nationen herstellen lässt.

Hinzu kommt, dass die Welthandelsorganisation sich zu weitgehender Transparenz und zur Veröffentlichung aller wesentlichen Regularien und Beschlüsse verpflichtet hat. Schon allein deshalb steht sie aber auch unter verschärfter Beobachtung. Nicht umsonst ist es in der Vergangenheit immer wieder zu heftigen Reaktionen auf die Ministerkonferenzen der WTO in den verschiedenen Mitgliedsländern und zum Teil auch zu Ausschreitungen gekommen. Seit Seattle 1999 nutzen Globalisierungsgegner die WTO-Treffen immer wieder zu Demonstrationen.

Seit ihrer Gründung 1994 hat die WTO eine Rechtsordnung geschaffen, die nicht weniger als 26 000 Seiten umfasst, die führenden Wirtschaftsnationen aber nicht recht zufrieden macht, weil die Entwicklungs- und Schwellenländer – immerhin zwei Drittel der Mitgliedsstaaten – sich oft querstellen. Meist geht es dabei um landwirtschaftliche Erzeugnisse. Der Süden möchte ein Verbot von Subventionen für die Agrarprodukte des Nordens, der wiederum möchte den Freihandel gerne auf seine Industrieprodukte begrenzt sehen, um seine Agrar-Überproduktion weiterhin im Süden des Erdballs loszuwerden – auch wenn sie dort die gewachsene Landwirtschaft ruiniert. Seit der WTO-Ministerkonferenz 2001 in Doha, der Hauptstadt des Emirats Katar, ist immer wieder versucht worden, eine Einigung darüber sowie über Fragen des medizinischen Patentrechts zu erzielen. Nach sieben Jahren mussten die Gespräche jedoch 2008 weitgehend ergebnislos abgebrochen werden. Erst im Dezember 2013 kam es bei der Ministerrunde auf Bali zu einem vorläufigen Ergebnis, bei dem der Norden dem Süden formal entgegenkam. Es sah vor, Agrarsubventionen abzubauen und den ärmsten Entwicklungsländern einen leichteren Zugang zu den Märkten der Industrie- und Schwellenländer zu gewähren. Die neu gewählte Regierung Indiens ließ die Einigung Ende Juli 2014 aber spektakulär wieder platzen. Grund war, dass das Abkommen Indien nur noch bis 2017 erlaubt hätte, Lebensmittel zur Bekämpfung des Hungers zu subventionieren. Nach den WTO-Regeln stellen derartige Hilfen ein Handelshemmnis dar. Indien wollte ein dauerhaftes Recht, notleidende Bevölkerungsschichten mit subventionierten Lebensmitteln zu versorgen. Offenbar ein unannehmbarer Wunsch.

Viele Kritiker waren ohnehin skeptisch gewesen, was die Ergebnisse der Bali-Runde anging. Der Attac-Aktivist Alexis Passadakis, der für das globalisierungskritische Netzwerk in Bali die Ministerrunde beobachtete, sagte dem deutschen Nachrichtensender n-tv: »Das Bali-Paket ist ein tragisches Ergebnis, ein Desaster.« Die Teile des Pakets, die rechtsverbindlich seien, kämen allein den Industrienationen zugute: »Die neuen Regeln werden dazu führen, dass große Konzerne aus dem Norden noch billiger in Entwicklungsländer exportieren können und dabei große Gewinne einfahren. Die Anpassungskosten haben die Entwicklungsländer zu zahlen.«[17]

Rechte für Investoren: Alles neu macht das MAI?

Große Bedeutung hatte das Bali-Paket da allerdings schon nicht mehr. Denn das Thema Freihandel steht bereits viel länger auf der Agenda: Es begann mit der wachsenden Bedeutung des Engagements großer Unternehmen in verschiedenen Ländern. Die Globalisierung besteht ja im Wesentlichen aus den Investitionen, die multinationale Konzerne in Staaten tätigen, in denen sich solche Investitionen für sie lohnen – sei es, weil sie dort näher an den Rohstoffen und die Arbeitskosten konkurrenzlos niedrig sind, sei es, weil die Regierungen solcher Staaten ein Interesse daran haben, Industrie anzusiedeln, oder einfach nur billiges Land zur Verfügung stellen. In den Jahren zwischen 1980 und 2007 wuchsen die Auslandinvestitionen sämtlicher Unternehmen der Welt auf das 25-Fache an, von 55,1 Milliarden US-Dollar auf 1,833 Billionen US-Dollar pro Jahr.[18]

Für diese gewaltige Summe hatten es die Unternehmen mit einem recht komplizierten rechtlichen Rahmen zu tun. Meist werden Auslandinvestitionen in Handelsabkommen zwischen zwei oder mehr verschiedenen Staaten geregelt. Weltkonzerne können damit einigermaßen umgehen, sie können sich große Rechtsabteilungen leisten, die sich mit den Feinheiten des internationalen Investitionsrechts auskennen. Mittelständler sind dazu jedoch in der Regel nicht in der Lage und müssen sich beschränken. Restlos befriedigend ist die Lage aber auch für die Großen nicht. Deshalb wurden schon bald Forderungen nach einem verbindlichen Investitionsrecht laut.

Es lag nahe, dies über die OECD (Organisation for Economic Co-operation and Development) anzugehen. Diese 1961 ins Leben gerufene »Organisation für wirtschaftliche Zusammenarbeit und Entwicklung«, eine Art ständig tagender Konferenz, ist so etwas wie der Club der reichen Männer in der Weltwirtschaft, ihr gehören heute die 34 größten Wirtschaftsnationen an – außer China, Brasilien und Indien – sowie die EU als gleichberechtigter Partner. Fast sämtliche der 500 größten Unternehmen weltweit haben ihren Sitz in OECD-Ländern, Entwicklungsländer spielen in der Organisation praktisch keine Rolle. Das hat zur Folge, dass deren Interessen nur eine ziemlich untergeordnete Rolle spielen, sowohl in der OECD selbst als auch in den Abkommen, die durch sie ausgehandelt werden sollen. Ähnlich verhält es sich mit Umwelt- und Sozialstandards: Die haben in den bisherigen Vertragswerken meist gnädig den Status von Empfehlungen bekommen. Was im Klartext bedeutet: Kann man machen, sollte man vielleicht auch machen, muss man aber nicht.

Das Muster für fast alle internationalen Vertragswerke in Sachen Investitionsrecht, das Multinationale Abkommen über Investitionen MAI, das 1998 scheiterte, hätte den Rechten von Investoren eindeutig Vorrang eingeräumt. Ihnen wäre größtmögliche Freiheit zugestanden worden, die festgeschriebenen Pflichten hätten sich dagegen in sehr engen Grenzen gehalten. International agierende Konzerne hätten eine Vielzahl von Privilegien bekommen. Der Vertragsentwurf enthielt erhebliche Begünstigungen für multinationale Unternehmen. Für sie hätte es eigens geschaffene Schiedsgerichte gegeben, vor denen sie gegen Staaten hätten klagen dürfen, die gegen das MAI verstoßen hatten. Der umgekehrte Weg wäre nicht möglich gewesen. Die Unterzeichnerstaaten hätten den Investor aus dem Ausland genauso wie einen aus dem eigenen Land behandeln müssen, seine Mitarbeiter hätten jederzeit einreisen dürfen. Enteignung und Verstaatlichung wären verboten gewesen, Entschädigung wäre sogar im Falle von Krieg, Notstand oder Bürgerkrieg einklagbar gewesen, aber auch schon für bestimmte Steuern, die man als Form der Enteignung betrachten könnte.

Das alles, so der Politologe Kurt-Peter Merk, hätte zu einer »praktisch unbeschränkten Geschäftspolitik des Investors« geführt,[19] wäre »ein Rückfall in die Zeit frühkapitalistischer Strukturen«[20] gewesen und hätte die »Aushöhlung demokratischer Herrschaft«[21] zur Folge gehabt.

So weit ist es damals, im ersten Anlauf, allerdings nicht gekommen. Das MAI scheiterte 1998 vor allem am Widerstand von Frankreich und internationaler Protestbewegungen, die bis in die einzelnen Parlamente reichten. Weil das fertig ausgehandelte Vertragswerk von diesen Parlamenten nicht verabschiedet wurde, trat es nie in Kraft. Allerdings tauchten viele der darin enthaltenen Bestimmungen, die heftig kritisiert wurden, später fast eins zu eins wieder auf, etwa die umstrittene Schiedsgerichtsbarkeit. Vieles wird gerade jetzt wieder mit dem TTIP neu verhandelt, sprich: Die alten, längst abgelehnten Rezepte werden wieder aufgewärmt. Das TTIP ist da aber kein Einzelfall. Unter weitgehender Geheimhaltung sind derzeit eine Reihe verschiedener Freihandelsabkommen in der Verhandlungsphase oder sogar schon ziemlich weit ausverhandelt. Sie alle enthalten ähnliche oder sogar die gleichen Bestimmungen wie das längst gescheiterte MAI.

Ein Flickenteppich aus Handelsverträgen

Seit Spätherbst 2013 abgeschlossen sind die Verhandlungen über das europäisch-kanadische Freihandelsabkommen CETA (»Comprehensive Economic and Trade Agreement«, zu deutsch: »Umfassendes Wirtschafts- und Handelsabkommen«). Seither, heißt es, wird nur noch am Text gefeilt, und ab Anfang 2015 könnte das Abkommen sämtliche Parlamente der EU und das kanadische Parlament passieren, was bis zu zwei Jahre in Anspruch nehmen dürfte. Ob es dazu kommen wird, ist allerdings sehr fraglich. Zumindest einige europäische Regierungen würden CETA gern so lange auf Eis legen, bis TTIP ausverhandelt ist. Denn viele CETA-Bestimmungen lesen sich wie eine Blaupause für das transatlantische Abkommen. US-Konzerne hätten über ihre kanadischen Tochterfirmen dann Zugriff auf den europäischen Markt inklusive der umstrittenen Investorenklagerechte, ohne TTIP abwarten zu müssen.

Inhaltlich entspricht CETA[22] dem gängigen Repertoire von Freihandelsabkommen: größtmögliche Liberalisierung des Handels, erhebliche Vorteile für multinationale Unternehmen und natürlich auch Einführung von Sondergerichten neben dem herkömmlichen Rechtssystem, das für alle Bürger und juristische Personen gilt. Das entspricht wiederum in weiten Passagen dem MAI. Was Kritiker in Sachen Verbraucherschutz und Wettbewerbsdruck auf Landwirtschaft und Fischerei beim TTIP anprangern, gilt in ähnlicher Weise auch für CETA, auch wenn das Abkommen, was den Abbau von Handelshindernissen angeht, nicht ganz so umfassend ist.

Des Weiteren finden sich in CETA wesentliche Passagen, die aus einem anderen gescheiterten Handelsabkommen übernommen wurden und die vom Umgang mit Patentrechten und geistigem Eigentum handeln. ACTA hieß dieses multinationale Abkommen, »Anti-Counterfeiting Trade Agreement« (»Anti-Produktpiraterie-Handelsabkommen«), und es ist 2012 am Europäischen Parlament gescheitert. Es hätte unter anderem Staaten erlaubt, die Internetkommunikation noch stärker zu überwachen und zu kontrollieren, was den enormen Protest der Internetgemeinde provozierte, der letztlich zu seiner Ablehnung führte. Weniger bekannt wurden jene Passagen, die zum Beispiel Patente auf Saatgut oder Medikamente betrafen. Sie hätten einem nicht geringen Teil der Menschheit den Zugang zu diesen Dingen erschwert – weil diese Menschen sie sich dann nur noch unter Schwierigkeiten oder gar nicht mehr hätten leisten können.

Auch ACTA ist also ein Wiedergänger, der in den meisten anstehenden Freihandelsabkommen erneut auftaucht. Unter anderem auch im TTP[23], das seit einigen Jahren zwischen den kleinen Staaten Malaysia, Chile, Singapur, Peru, Vietnam, Brunei, Neuseeland und den großen Staaten USA, Kanada, Australien, Mexiko und Japan verhandelt wird und vor allem wegen US-Forderungen, gegen die sich die kleineren Staaten wehren, nicht recht vorankommt. Die Enthüllungsplattform WikiLeaks hat Teile des Vertragsentwurfs, die

das geistige Eigentum betreffen, an die Öffentlichkeit gebracht.
95 Seiten finden sich darin viele Passagen wieder, die man sch(
ACTA kennt.

Komplettiert wird das Milliardenpaket zum Freihandel mit seiner
Neuauflage von MAI und ACTA durch ein weiteres multinationa-
les Vertragswerk, das derzeit zwischen gut 50 Staaten ausgehandelt
wird. TiSA[25], das Abkommen über den internationalen Handel mit
Dienstleistungen, soll mehr Wettbewerb bei Informationstechnik,
Verkehr, Gesundheit und Bildung bringen, heißt es. Aber eigentlich
dient es dazu, öffentliche Dienstleistungen aller Art an Private zu
vergeben. »Marktöffnung« nennt sich das, und es könnte zum Beispiel bedeuten, dass die eigentlich von einer breiten europäischen
Bürgerbewegung gekippte Privatisierung von kommunalen Wasserversorgern nun doch wieder möglich wird. Schlimmer noch, nach
den Vorstellungen der Verhandlungsführer soll sogar festgeschrieben werden, dass einmal beschlossene Privatisierungen niemals
wieder rückgängig gemacht werden können – eine absurde Festle-
gung, die Regierungen, Städten und Gemeinden keinerlei Spielraum
für Korrekturen mehr ließe.

Mit all diesen völkerrechtlich bindenden Verträgen zum Freihandel entsteht allmählich ein Flickenteppich aus Abkommen, der in
der Zusammenschau wieder ein recht einheitliches Gesamtbild ergibt und obendrein den Vorteil hat, dass der Kampf an vielen verschiedenen Fronten verläuft, was es den Gegnern erschwert, dagegen anzugehen. Denn hinter einzelne, bereits erreichte Ergebnisse
kann man schlecht wieder zurückgehen, sprich: Was in einem Abkommen bereits vereinbart wurde, sollte nach Möglichkeit in allen
anderen genauso gelten, weil man sonst gegen die Meistbegüns-
tigungsklausel der Welthandelsorganisation verstieße. Eines ihrer
wichtigsten Prinzipien lautet: Was man einem Mitgliedsstaat einräumt, sollte man tunlichst auch allen anderen zugestehen. Auf diese
Weise kann ein Freihandelsabkommen in einer Art Domino-Effekt
die Handelsbeziehungen aller anderen Staaten beeinflussen.

Umso gefährlicher ist es, wenn Dinge weitgehend unter Ausschluss der Öffentlichkeit verhandelt werden, um dann möglichst geräuschlos von den Regierungen der beteiligten Nationen abgesegnet zu werden. Eine solche Verfahrensweise ist extrem undemokratisch, wird aber bei allen großen Wirtschaftsverträgen, von CETA bis TTIP, praktiziert. Die intransparenten Geheimverhandlungen dienen letztlich ebenso wie die nicht öffentlich tagenden Schiedsgerichte nur dazu, Regeln zum Verbraucherschutz oder zur Privatisierungseinschränkung wieder hinter einen Stand zurückzuführen, der zum Teil über Jahrzehnte hinweg von den Zivilgesellschaften mühevoll erkämpft worden ist.

Auf dem Weg zur Weltordnung der Konzerne

Eigentlich ergäbe sich hier ein reiches Betätigungsfeld für Verschwörungstheoretiker. Aber ganz so simpel ist die Sache nicht. Es wäre zu einfach, wenn hinter dem ganzen Wust an Vertragswerken tatsächlich eine Handvoll finsterer Strippenzieher steckte, die sich all das fein ausgedacht haben und nun ihr übles Werk vollbringen. Aber ein solcher Masterplan samt seinen Urhebern ist nirgends zu entdecken. Die Wahrheit ist wohl viel banaler: Die Dogmen von den Allheilmitteln Marktöffnung und Privatisierung sind gängige Lehrmeinung an den großen neoliberalen Wirtschaftsschulen und Universitäten. Dass sie von den Wirtschaftsführern und Wirtschaftspolitikern auch umgesetzt werden, ist wenig erstaunlich. Und auch nicht, dass immer mehr Freihandelsabkommen abgeschlossen werden, wenn schon das eine, große, allumfassende Abkommen via Welthandelsorganisation als nicht durchsetzbar erscheint. Der Rest ist Verhandlungssache, und oftmals kommt ein ganz simpler Kuhhandel zustande: Erlaubst du mir das, komme ich dir auf anderem Gebiet entgegen.

Die Ergebnisse eines solchen Kuhhandels können extrem gefähr-

lich werden für unsere Demokratien, weil sie Dinge ermögli(
die nur den Interessen einiger weniger dienen und jene der Al
meinheit gänzlich außer Acht lassen. Denn mit jedem Mosaikste....-
chen wird zwangsläufig eine neue Weltordnung geschaffen, wie sie
sich Demokraten eigentlich nicht wünschen können – eine Weltordnung, in der die Interessen der internationalen Unternehmen und
großen Konzerne Vorrang haben vor dem Gemeinwohl und dem
Primat der Politik.

Am Ende steht dann nichts anderes als eine neue Herrschafts-
form, die auf den ersten Blick zwar noch wie eine Art Demokratie
aussieht, in Wirklichkeit aber nichts anderes mehr ist als eine Demokratie auf Abruf, eine Volksherrschaft, die zurückstehen muss, wenn
sie den Interessen des freien Handels, des Marktes und der Wirtschaft ganz allgemein entgegensteht.

So bizarr es klingen mag: Letztlich hat man es hier mit einem
Staatsstreich im Weltmaßstab, einem Weltstaatsstreich zu tun, der
einseitig unternehmerische Interessen verfolgt. Wem das zu pathe-
tisch formuliert ist, der möge sich vor Augen führen, was da tatsächlich heimlich, still und leise geschieht. Es werden internationale
Standards für den Welthandel geschaffen, die einzelne davon betroffene Staaten nicht mehr kontrollieren können. Die letzte Aufsicht
über den Handel liegt dann bei geheimen Gerichten, die durch verschiedene internationale Abkommen bestenfalls notdürftig legiti-
miert sind und die in einem beschleunigten Verfahren entscheiden.
Ein ganz normales Verwaltungsgerichtsverfahren, das wegen der
falschen Entscheidung einer Behörde durch mehrere Instanzen und
über mehrere Jahre ausgefochten werden muss, ist im Vergleich dazu
ein Jahrhundertwerk. Die Unternehmen, und in aller Regel die größten unter ihnen, schaffen sich mit den Freihandelsabkommen ihre
eigene Rechtsprechung und ihr eigenes Rechtssystem, das außerhalb
des für alle verbindlichen Systems gilt. Sie bestimmen dann im
Wortsinne das Gesetz des Handelns.

Demokratie nach Gutsherrenart

Europas Bürger dürfen noch zur Wahl gehen: Aber die wahren Entscheidungen fallen im Geheimen

Ja, so stellt man es sich wohl vor, wenn demokratisch gewählte Regierungen darüber reden, was sie so vorhaben – mit ihren öffentlichen Transportsystemen, ihrer Wasserversorgung, ihren Schulen und Universitäten und so weiter. Dann trifft man sich eben heimlich in Genf. Nicht in einem öffentlich zugänglichen Kongresszentrum mit Zuschauertribünen und auch nicht in einem Gebäude der Welthandelsorganisation. Nein, man kommt in der abgesicherten australischen Botschaft zusammen. Nichts dringt nach draußen, alle Verhandlungspapiere sind selbstverständlich vertraulich und dürfen nur in einem »abgesicherten Gebäude, Raum oder Container aufbewahrt werden«, wie es in einem Verhandlungsdokument (siehe S. 61) heißt, das an die Presse gelangt ist. So geheim sind die Dokumente, dass sie frühestens fünf Jahre nach Abschluss des Vertrages veröffentlicht werden dürfen. So ist es jedenfalls bei TiSA geplant, dem multinationalen Abkommen über den Handel mit Dienstleistungen, über das gut 50 Staaten seit einigen Jahren verhandeln.

Bei TTIP ist es übrigens nicht viel anders. Hier sollen die Vertragsunterlagen zwar nur vier Jahre nach erfolgreicher Verabschiedung des Abkommens unter Verschluss bleiben. Aber man trifft sich ebenfalls im Geheimen, an vorher nicht bekanntgegebenen Orten, und die Dokumente dürfen gleichfalls nur vom engsten Kreis eingesehen werden.

Die Vorwürfe mangelnder Transparenz haben inzwischen aber wohl auch die Europäische Kommission zum Nachdenken gebracht. So richtete sie im Laufe des Jahres 2014 einen Leseraum ein, in dem

Vertreter der Mitgliedsstaaten sehr beschränkten Einblick in die Verhandlungspapiere bekommen sollen – angeblich ist das eine Bedingung der US-Regierung.[26] Wie sich die Kommission das Prozedere vorstellt, schildert ein deutscher Diplomat in einem internen Bericht, den die Wochenzeitung *Die Zeit* an die Öffentlichkeit brachte:[27] »Jeweils einen halben Tag lang« sollten die neuesten Vertragsentwürfe zur Einsicht vorgelegt werden. »KOM [die Europäische Kommission, Anm. d. Verf.] informierte«, schrieb der Diplomat am 10. Juni 2014 nach Berlin, »dass spätestens in zwei Wochen ein Leseraum eingerichtet werde. Die Zahl der Leseplätze sei begrenzt.« Technische Hilfsmittel, wie Smartphones, Laptops und Aufnahmegeräte, seien dort verboten, Notizen dürften nicht gemacht werden. Bei den Anmeldungen verfahre man nach dem Windhund-Prinzip: Wer zuerst »Hier!« schreit, kommt dran, die anderen haben eben Pech gehabt.

Verhandlungen, von denen niemand etwas erfahren darf, deren genauer Wortlaut vier bis fünf Jahre nach Vertragsabschluss noch geheim bleiben soll, keinerlei schriftliche Informationen: Ist das Demokratie?

Im Sozialkundeunterricht hat das immer anders geklungen. Da war die Rede von der Beteiligung der Bürger eines Gemeinwesens an allen wichtigen Entscheidungen. Jeder solle wissen, worum es gehe und wie ein Beschluss zustande komme. Transparenz in allen politischen Fragen lautet eines der Zauberwörter, durch die Demokratie überhaupt erst einen Sinn bekommt.

Da ist jetzt freilich eine Reihe von Kriterien aufgeführt, die mit den Verhandlungen über die Freiheit des Handels leider gar nicht so recht zusammenpassen. Nicht nur, was die Dienstleistungsfreiheit im TiSA angeht, bei den anderen geplanten Verträgen ist es nicht viel anders. Auch beim TTIP weigert sich die Europäische Kommission entschieden, irgendwelche Details aus den Verhandlungen selbst öffentlich zu machen. Mit »Geheimniskrämerei« ist das Verfahren noch milde umschrieben. Selbst Abgeordnete von Parlamenten europäischer Mitgliedsländer erhalten nur kurz Einblick in Verhandlungsunterlagen, und noch nicht einmal in alle. Obendrein werden sie zu Stillschweigen über deren Inhalt verdonnert. Selbst Regierungsvertreter mussten im Deutschen Bundestag schon einräumen, dass sie sich uninformiert fühlten.[28] Und zwar nicht nur bei den laufenden TTIP-Verhandlungen, sondern auch bei eigentlich schon abgeschlossenen wie den Gesprächen über den europäisch-kanadischen CETA-Vertrag. »Den endgültigen Text kenne ich nicht«, zitierte die *Süddeutsche Zeitung* im Februar 2014 Knut Brünjes, den stellvertretenden Abteilungsleiter für Außenwirtschaftspolitik im Bundesministerium für Wirtschaft und Energie. Das war fast fünf Monate, nachdem die EU-Kommission erklärt hatte, die CETA-Verhandlungen seien abgeschlossen. Erst im August 2014 gelangte der Text durch ein Leck an die Öffentlichkeit.

Die Kritik an der mangelnden Transparenz bei den TTIP-Verhandlungen reicht bis hinein in Ausschüsse des Europaparlaments, die eigentlich die Verhandlungen beobachten sollen. So sagt etwa die Abgeordnete Marietje Schaake von der linksliberalen Partei Democraten 66 aus den Niederlanden: »Wir sollten von der Kommission besser über den Inhalt der Gespräche informiert werden.«[29] Dabei sitzt sie in der US Monitoring Group des EU-Parlaments, die von den Verhandlungsführern regelmäßig auf dem Laufenden gehalten werden soll. »Diese Treffen sind nicht öffentlich und auch bei Weitem nicht so konstruktiv, wie ich mir das vorstelle.« Auf viele Fragen erhalte sie entweder gar keine Antwort, oder die Antworten seien schlicht unbefriedigend.

Das ist übrigens auf beiden Seiten des Atlantiks so. Und wechselseitig wird von den Verhandlungsführern behauptet, das liege an der anderen Partei. »Wir bekommen zwar ein bisschen mehr Informationen als die normalen Bürger«, berichtet der Vorsitzende des amerikanischen Gewerkschafts-Dachverbands AFL/CIO, Richard Trumka, »aber worum es wirklich geht, wird auch in Washington geheim gehalten«.[30] Dort wiederum heißt es, man wäre schon bereit, mehr von den Verhandlungen zu erzählen, aber das wollten die Europäer nicht. Ähnliches berichtet der DGB-Vorsitzende Reiner Hoffmann: »Uns erzählt Kommissar Karel De Gucht, der Verhandlungsführer der EU: Wir würden euch ja gern alles sagen. Aber die Amerikaner wollen nicht mehr Öffentlichkeit ...«[31]

Während man also so tut, als wäre die jeweils andere Seite schuld an der mangelnden Transparenz, wird der Schaden für die Demokratie gar nicht erörtert. Denn wie soll man rechtfertigen, dass mit einem solchen Abkommen über Dinge entschieden wird, die jeden unmittelbar betreffen werden, von denen aber niemand etwas erfährt, oft nicht einmal die Parlamentarier der einzelnen Vertragsparteien? Peter-Tobias Stoll, Professor für Europarecht an der Universität Göttingen, sieht in diesem Zusammenhang erhebliche Probleme auf die Kommission und die deutsche Bundesregierung zukommen. »Die Informationen für Parlamente und Öffentlichkeit sind bisher sehr ungenügend«[32], was durchaus auch verfassungsrechtliche Klagen zur Folge haben könne.

Die Verantwortlichen in Brüssel und in den europäischen und amerikanischen Regierungszentralen ficht so etwas offenbar nicht an. Sie sagen, solche Verhandlungen müssten vertraulich ablaufen. Oder sie weichen schlichtweg aus. So behauptete der frühere EU-Handelskommissar De Gucht schon mal flapsig, man könne schließlich leicht seinen Sommerurlaub damit zubringen, sämtliche öffentlich zugänglichen Dokumente zu TTIP auf der Website der EU-Kommission zu lesen.[33] Dass diese Dokumente weitgehend uninteressant sind, weil sie keinerlei Details zu den Verhandlungen enthalten, sagt er nicht. Andere Befürworter von TTIP äußern sinngemäß, für die Amerikaner gehöre strikte Geheimhaltung bei solchen Verhandlungsrunden zur Folklore, und dem wolle man nicht zuwiderhandeln. Und Regierungsvertreter wiegeln ebenfalls ab. So sagte der italienische Superminister für Wirtschaft und Finanzen, Pier Carlo Padoan, ein Jahr nach Beginn der Verhandlungen: »Wir müssen unterscheiden zwischen den Verhandlungen über technische Details und dem großen Ganzen ...

über Details kann man leichter im kleinen Kreis reden, das hat nichts mit Geheimniskrämerei zu tun.«[34]

Man kann sich nun wiederum fragen, warum diese Gespräche im kleinen Kreis so geheim bleiben müssen, wenn es ohnehin nur um technische Details geht. Wären die nicht im ungünstigsten Fall für ein breiteres Publikum einfach nur langweilig? Welcher Schaden würde also entstehen, würden diese Verhandlungen öffentlich gemacht? Siegmund Ehrmann (SPD), Vorsitzender des Ausschusses für Kultur und Medien im Bundestag, betrachtet die Dinge vergleichsweise wohlwollend, wenn er sagt: »Transparenz ist in solchen Prozessen das A und O – und diese ist unzureichend gegeben. Mir ist bewusst, dass Verhandlungen auch einen diskreten Rahmen benötigen, um einfach Positionen auszuleuchten und vielleicht auch ohne Gesichtsverlust Positionen mal zu räumen. Wenn man sich öffentlich festlegt, ist das schwieriger.«[35]

Der Verdacht liegt aber durchaus nahe, dass es im Geheimen um etwas ganz anderes geht als nur um die Gestaltung von Autorückspiegeln oder die Dicke von Blechteilen. Zumindest lassen die wenigen Dokumente, die an die Öffentlichkeit gelangen, genau das vermuten. Und man kann sich lebhaft vorstellen, dass hinter all der Geheimniskrämerei etwas versteckt werden soll, was partout nicht vor der Zeit das Licht der Öffentlichkeit erblicken darf. Andernfalls gäbe es keinen Grund, den Einblick zu verweigern.

Transparenz ist ein schöner Begriff, und viele Wirtschaftswissenschaftler behaupten, eine gesunde ökonomische Entwicklung sei ohne Transparenz überhaupt nicht möglich oder jedenfalls nur schwer vorstellbar. Denn die handelnden Akteure müssen ja wissen, womit und mit wem sie es zu tun haben, wer die Verantwortung trägt, worauf sie sich einlassen und welche Folgen ihr Handeln haben könnte. Und nach Möglichkeit sollten auch alle in gleichem Maße an den Entscheidungen beteiligt sein, und sei es mittelbar, über gewählte Repräsentanten. Ohne diese wenigen wesentlichen Grundsätze kann eine Demokratie eigentlich nicht funktionieren.

Annex [X]: Financial Services
Consolidation of text proposals as of 14 April 2014

Höchste Geheimhaltungsstufe: Das von WikiLeaks veröffentlichte Dokument zum geplanten Dienstleistungsabkommen TiSA schreibt fast absurde Sicherheitsregeln vor. Genützt haben sie freilich wenig, wie man sieht.

So betrachtet sind die laufenden Verhandlungen über das transatlantische Freihandelsabkommen ein einziges Desaster. Man hat das Verfahren bereits mit der Papstwahl verglichen – hier wie dort darf nicht das kleinste Detail nach außen dringen.

Aber die Wahl eines neuen Papstes ist eine vergleichsweise offene Veranstaltung. Zumindest weiß man beim Konklave genau, wer daran teilnimmt. Bei den TTIP-Verhandlungen sind nur ein paar Protagonisten bekannt, schon die zweite Riege der Verhandelnden bleibt weitgehend im Dunkeln. Und so gut wie gar nichts weiß man darüber, wer auf beiden Seiten des Atlantiks konkret an den Vorbereitungen mitgewirkt hat. Dass es sich dabei in erster Linie wieder um Lobbyisten und Wirtschaftsvertreter aus den großen Konzernen handelte, dürfte sehr wahrscheinlich sein.

Aber wie kann es sein, dass schon die vorbereitenden Verhandlungen zu einem Wirtschaftsabkommen solcher Tragweite in einer »High-Level Group of Growth and Employment« geführt werden von Personen, die anscheinend niemand kennenlernen darf und soll, von der es nicht einmal ein Mitgliederverzeichnis gibt, wo doch jede einfache Grundschule schon in der ersten Klasse eine Schülerliste führt? Unwillkürlich fragt man sich, was da eigentlich so Geheimnisvolles verhandelt wird und warum die Öffentlichkeit davon nichts erfahren darf. Weder im Vorhinein noch nach den Treffen der Arbeitsgruppen. Es wäre ja immerhin vorstellbar, dass nach den einzelnen Arbeitstreffen jeweils ein Kommuniqué veröffentlicht wird. Es gibt zahlreiche internationale Verträge und Abkommen, bei denen das völlig schadlos geschehen ist. Und warum eigentlich sollte die Öffentlichkeit nicht erfahren, welche Farben diesseits und jenseits des Atlantiks künftig die Kabelstränge der Automobilelektronik haben? Denn um solchen Kleinkram soll es ja angeblich in den Verhandlungen vor allem gehen. Natürlich kann es auch noch um ganz andere Dinge gehen, so sehr die Verhandlungsführer beider Seiten das auch bestreiten.

Die Erfahrung lehrt jedenfalls: Wenn jemand um jeden Preis etwas verbergen will, dann hat er auch etwas zu verbergen. Ginge es nur um lauter harmlose Dinge, wäre die ganze Geheimnistuerei schließlich völlig sinnlos. Es mag richtig sein, dass die Abgeordneten der nationalen Parlamente ohnehin überfordert wären, wenn sie Woche für Woche Hunderte von Papieren auf ihren Schreibtischen vorfänden – denn um solche Mengen scheint es sich offenbar zu handeln, glaubt man den Aussagen jener, die zum engeren Kreis der Verhandlungsführer gehören und mit diesen Papieren zu tun haben. Aber es ist ein Unterschied, ob Abgeordnete – und nicht zu vergessen die Vertreter interessierter Gruppen – von sich aus entscheiden, was sie sich ansehen wollen und was nicht, oder ob es ihnen von oben vorgeschrieben wird.

Die ganze Geheimniskrämerei passt jedenfalls nicht zu modernen Demokratien und zu Gesellschaften, die Tag für Tag mit den Auswirkungen der verschärften Globalisierung zurechtkommen müssen. Jeder bekommt die Folgen sowohl der Privatisierung staatlicher und kommunaler Dienstleistungen als auch der wirtschaftlichen Liberalisierung auf die eine oder andere Weise zu spüren. Deshalb sollte er auch mitreden können, wenn es darum geht, Privatisierung und Liberalisierung noch mehr auszuweiten.

Nur die Wirtschaft bestimmt wirklich mit

Die Interessen der Bürger in der Europäischen Union und in den USA sind meist nicht identisch mit denen großer Unternehmen und multinationaler Konzerne. Deren Interessen werden bei den anstehenden großen Freihandelsabkommen gut gewahrt – schließlich sitzen ihre Vertreter in Beratergremien, konnten die Verhandlungsagenda entscheidend mitbestimmen und üben auch sonst auf den unterschiedlichsten Wegen Einfluss aus. Die Interessen der normalen Bürger hingegen werden von einigen Beamten der EU-Kommission und des US-Handelsbeauftragten wahrgenommen. Theoretisch jedenfalls. Denn niemand weiß, was diese Beamten tatsächlich tun. Es gibt keine legale Möglichkeit, das zu erfahren. Oder erst dann, wenn es längst zu spät ist.

Dies ist eine Missachtung elementarer Rechtsgrundsätze und demokratischer Regeln. Im Grunde haben wir es hier mit lupenreinem vordemokratischen Verhalten zu tun, angefangen beim eigentlichen Verfahren, das man getrost als institutionalisierte Mauschelei bezeichnen kann, bis hin zu den Ergebnissen, die beispielsweise Schiedsgerichte vorsehen, die sich demokratischer Kontrolle weitgehend entziehen, sollten sie so realisiert werden, wie die an die Öffentlichkeit gelangten Entwürfe es vorsehen.

Die Verantwortlichen scheinen noch nicht erkannt zu haben, dass es den Bürgern in ihren beiden Staatengemeinschaften nicht egal ist, wie ihre Wirtschaft funktioniert. Der freie Handel mag je nach Sichtweise Wohlstand, Arbeitsplätze oder Profit bedeuten. Das heißt aber nicht, dass es deshalb für ihn keine Grenzen geben darf. »Wir sind eine globale Schicksalsgemeinschaft, und wie alle Gemeinschaften müssen wir einige Regeln befolgen, ohne die ein gedeihliches Miteinander unmöglich ist«, schreibt der Wirtschaftsnobelpreisträger Joseph Stiglitz im Vorwort seines 2002 erschienenen Bestsellers *Die Schatten der Globalisierung*. Und weiter:

> »Diese Regeln müssen fair und gerecht sein – und als solche wahrgenommen werden –, damit nicht nur den Reichen, sondern auch den Armen die ihnen gebührende Beachtung geschenkt und damit ein Mindestmaß an ethischer Verantwortung und sozialer Gerechtigkeit gewahrt wird. In der heutigen Welt müssen diese Regeln in demokratischen Prozessen erarbeitet werden; die Regeln, die die Arbeitsweise von Entscheidungsgremien und Behörden festlegen, müssen die Wünsche und Bedürfnisse all jener berücksichtigen, die von in der Ferne getroffenen Maßnahmen und Entscheidungen betroffen sind.«[36]

Und nimmt man es genau, dann müssen auch alle, die Reichen wie die Armen, Wirtschaftsführer ebenso wie normale Staatsbürger, über diese Regeln mitentscheiden. Was sonst sollte Demokratie sein?

Das zieht sogleich eine weitere Frage nach sich: Warum wird eigentlich im Geheimen verhandelt, wenn alle die Regeln mitbestimmen sollen? Anscheinend sehen die Verhandlungsführer und die Hauptinteressenten am Abschluss eines solchen Freihandelsabkommens nur eine Chance, ihr Vorhaben umzusetzen: indem sie es möglichst schnell und geräuschlos durch alle Instanzen peitschen. Denn je mehr Menschen mitreden wollen, desto schwieriger wird das Verfahren. Der ursprüngliche Zeitplan, der vorsah, das Freihandelsabkommen noch vor dem Amtsantritt der neuen EU-Kommission und vor der Wahl des neuen US-Kongresses am 1. bzw. 4. November 2014 unter Dach und Fach zu bringen, war ohnehin schon mehr als ehrgeizig. Diesen Zeitplan hielten nicht nur Experten bereits Ende 2013 für illusorisch. Der ehemalige Weltbankchef Robert Zoellick, selber einmal US-Handelsbeauftragter, sieht gar einen Erfolg für Obama, wenn TTIP noch in dessen zweiter Amtszeit, also bis Ende 2017, Realität würde.[37]

Aber die Verhandlungsführer wollen an einem schnelleren Abschluss festhalten. Inzwischen rechnet der deutsche Wirtschaftsminister Sigmar Gabriel (SPD) mit einer Beschlussreife nicht vor Ende 2015. Das heißt aber noch lange nicht, dass es dann zu zügigen Beschlüssen kommt. Denn 2016 ist wieder Präsidentschaftswahlkampf in den USA, und die Demokraten werden sich dann kaum mit einem möglicherweise stark verwässerten Freihandelsabkommen zugunsten großer Konzerne profilieren wollen.

Auch die Amerikaner werden skeptisch

Überhaupt: Amerika. Die europäische Verhandlungsseite behauptet, dass vor allem die amerikanischen Verhandlungspartner darauf pochten, die späteren Partner über den Lauf der Dinge im Unklaren zu lassen. Sie hätten von Anfang an einen »closed shop« aus den Beratungen machen wollen. Selbst akkreditierte Europa-Beamte sollten die Papiere der US-Delegation nur in einem eigens eingerichteten »Leseraum« in Brüssel einsehen dürfen.

Ein solches Ausmaß an Geheimniskrämerei machte selbst US-Senatoren misstrauisch. Im März 2014 beschlossen sie einen »Trade Priorities Act«, der dem Kongress mehr Mitspracherechte einräumen und jedem Abgeordneten die Teilnahme an den TTIP-Verhandlungsrunden zusichern soll. Die amerikanische Seite ist nämlich keinesfalls so einheitlich und ausschließlich darauf erpicht, das Abkommen unter größter Geheimhaltung schnell und unauffällig durchzuwinken, wie sich das die Unterhändler wünschen.

Nach dem ursprünglichen Willen der Verhandlungsführer sollte TTIP im sogenannten »Fast-Track«-Verfahren durch den Kongress gebracht werden. »Fast Track« ist die Bezeichnung für ein beschleunigtes Gesetzgebungsverfahren in den USA. Dort hat der Präsident zwar das Recht, ohne Ermächtigung des Kongresses mit anderen Staaten Handelsverträge abzuschließen. Aber er muss sie anschließend beiden Häusern des Kongresses zur Genehmigung vorlegen, und die Abgeordneten und Senatoren haben die Möglichkeit, über jeden Punkt einzeln abzustimmen. Das kann insoweit zu Problemen führen, als die Volksvertreter naturgemäß dazu neigen, vorteilhaften Vertragspunkten zuzustimmen und die weniger vorteilhaften abzulehnen. Das macht es dann jedoch schwierig, überhaupt Abkommen zu schließen, denn kein Vertragspartner lässt sich auf so etwas gerne ein.

Deshalb hat man in den USA 1974 das sogenannte »Fast-Track«-Verfahren erfunden. Es besteht aus einem eigenen Gesetz, in welchem der Kongress weitgehend auf sein Recht der Einzelabstimmung verzichtet und dem Präsidenten Verhandlungsvollmacht erteilt. Zusätze und Veränderungen sind anschließend nicht mehr möglich, das Repräsentantenhaus und der Senat können ein Abkommen nur noch zur Gänze akzeptieren oder ablehnen.

Dieses Verfahren schwebte den Verhandlungsführern in der EU und in den USA vor, als sie ihre Unterredungen begannen. Momentan, im Herbst 2014, sieht es aber ganz danach aus, als ob daraus nichts würde.

Bereits Anfang Februar 2014 stellte sich der Senator und Mehrheitsführer der Demokraten, Harry Reid, quer. Ein »Fast-Track«-Gesetz werde es mit ihm weder für das TTIP noch für das ebenfalls geplante Freihandelsabkommen mit elf Pazifikstaaten (TPP) geben. Das hatte zwar nicht damit zu tun, dass die Demokraten im Kongress plötzlich übergroße Skrupel verspürt hätten, was das demokratische Verfahren angeht. Sondern es hing eher damit zusammen, dass im November des Jahres Kongresswahlen anstanden. Und da ging es Harry Reid darum, die ansonsten nicht besonders einflussreichen US-Gewerkschaften als Unterstützer für die Demokraten zu gewinnen.

Die Gewerkschaften aber stehen den Freihandelsabkommen sehr skeptisch gegenüber, weil sie in der Vergangenheit meist eher Jobs gekostet haben, als neue zu schaffen. So hat der Gewerkschaftsbund AFL/CIO eine Petition angestoßen, um das »Fast-Track«-Verfahren in diesen Fällen zu stoppen. Nötig sei, so die Gewerkschaftssekretärin Celeste Drake, »ein neuer Ansatz in der Handelspolitik, der uns allen Vorteile bringt und nicht nur ein paar Privilegierten«[38]. In den USA stehe die Öffentlichkeit nach den Erfahrungen mit der mexikanisch-amerikanischen Freihandelszone und einem weiteren Abkommen mit Südkorea neuen Freihandelsabkommen sehr skeptisch gegenüber. »Bei uns sind inzwischen 80 Prozent der Bürger überzeugt, dass Handelsabkommen schlecht sind, weil sie den Lebensstandard senken«, sagt Richard Trumka, Vorsitzender des Gewerkschaftsdachverbands.[39]

Im Juni 2014 wurde den Staatschefs der G7-Gruppe dann klar, dass das Freihandelsabkommen sich nicht so einfach und geräuschlos würde zu Ende verhandeln lassen. Nach dem Gipfel in Brüssel erklärte der damalige EU-Kommissionspräsident José Manuel Barroso: »Wir haben vereinbart, dass wir als G7-Politiker unserer Öffentlichkeit besser die Vorteile von offenem Handel hinsichtlich konkreter Folgen für Wachstum und Beschäftigung erklären sollten.«[40] Besonders auf die Bedenken des schwächsten Teils der Bevölkerung wolle man eingehen und auf jene, die sich von den Vorteilen der Handelsliberalisierung ausgeschlossen fühlten. Anders ausgedrückt: Die Regierungschefs sollten wieder in ihre Heimatländer ausschwärmen und dort für TTIP werben, um den Gegnern nicht das Feld zu überlassen. Die deutsche Bundeskanzlerin erklärte sogleich pflichtschuldigst, dass es selbstverständlich keine Chlorhühnchen in Europa geben werde und die Absichten des Handelsabkommens ohnehin ziemlich missverstanden würden. Verschlechterungen werde es jedenfalls keine geben, im Gegenteil, die Ziele lauteten mehr Transparenz, mehr Verbraucherschutz und ein verstärkter Kampf gegen Korruption.

Derartige Goodwill-Adressen gaben in der Folge fast alle europäischen Regierungschefs ab, mal mehr, mal weniger überzeugt. Zugleich wuchs aber auch die Skepsis, selbst in den Reihen der Politik. Insbesondere die Regelungen zum Investorenschutz lassen sich in der Öffentlichkeit ganz schlecht verkaufen, weshalb sich beispielsweise in Deutschland selbst Vizekanzler und Wirtschaftsminister Sigmar Gabriel für eine Überarbeitung dieser Regelungen aussprach. Mit der geforderten Transparenz der Verhandlungen hat eine solche Überarbeitung einzelner Regeln im kleinen Kreis der Unterhändler allerdings nichts zu tun.

Die Kommission jedenfalls hat verstanden, dass sie reagieren und zumindest den Anschein erwecken muss, der Bürger könne in irgendeiner Form mitreden. Mittlerweile wurde die alte Strategie etwas modifiziert, nicht zuletzt unter dem Druck der Öffentlichkeit und jener Gruppierungen, welche die sogenannte Zivilgesellschaft bilden. Zug um Zug hat die EU-Kommission eine Reihe von Veranstaltungen und Aktionen lanciert, um eine Art Bürgerbeteiligung in das Verfahren einzuführen, denen allerdings anzumerken ist, dass man in Brüssel keine großen Erfahrungen damit hat. Anti-TTIP-Aktivisten meinen gar, es handele sich lediglich um Show-Veranstaltungen, die Beteiligung nur vortäuschen sollen und natürlich nicht ernstgemeint seien.

Der Online-Fragebogen etwa, der Meinungen und Stellungnahmen von EU-Bürgern zum Thema Investorenschutz einholen sollte, setzt einiges an Fachwissen voraus. Von einer »juristischen Übungsaufgabe« spricht Annette Sawatzki von der Nichtregierungsorganisation Campact: »Der Fragenkatalog richtet sich von Zuschnitt und Duktus nicht an die breite Öffentlichkeit, sondern an ein Expertenpublikum. Zur Beantwortung muss man sich durch 44 Seiten mit Textbaustein-Vergleichen kämpfen – und selbstständig in weiteren Quellen recherchieren.«[41]

Trotzdem beteiligten sich genau 149 399 EU-Bürger an der Online-Befragung, in der Regel, so darf man vermuten, Branchenvertreter, gut informierte Aktivisten und Angehörige von Nichtregierungsorganisationen oder Wirtschaftsverbänden. Für diese hat die Kommission überdies noch öffentliche Konsultationen eingerichtet, zum Beispiel am Rande der sechsten Verhandlungsrunde im Juli 2014 in Brüssel. Da durften dann 71 Sprecher einen Tag lang ihre Einwände vorbringen – Mitglieder jener Interessenvertretungen, welche die EU offiziell als solche anerkannt hat. Pharmaverbände waren ebenso darunter wie Verbraucherschützer, Saatguthersteller, Tierschützer und Bürgerrechtler. Sie alle hatten genau fünf Minuten Zeit, um ihre Position darzulegen, danach folgten vier Minuten, in denen Fragen gestellt werden konnten. »Speed-Dating für Interessenvertreter« nannte das die *Süddeutsche Zeitung*.[42] Eine Umweltschützerin aus den USA fasste die Aktion zusammen: »Jeder sagt seinen Spruch. Es ist eine Wohlfühlübung.« Wohingegen die Vertreter der Kommission geradezu ins Schwärmen gerieten – noch nie seien Freihandelsgespräche so transparent gewesen.

Anhörungen wie diese gab es tatsächlich mehrere im Laufe der Verhandlungen. Teilnehmer berichten, die Atmosphäre sei zwar ausgesprochen freundlich, die Aussagen seien jedoch geradezu erschütternd unverbindlich gewesen und hätten nur so gestrotzt vor Allgemeinplätzen.

Transparenz ist dringend nötig, nicht hinderlich

Einen wirklich überzeugenden Grund für die Geheimhaltungspolitik in Sachen Freihandelsabkommen gibt es nicht. Das Argument, man müsse hinter verschlossenen Türen verhandeln, um wirklich offen miteinander reden zu können, ist jedenfalls ein bisschen aberwitzig. Denn entweder will man ungestört sein, um etwas auszumauscheln, über das man sich vorher sowieso schon mehr oder weniger einig war. Oder man hat tatsächlich unterschiedliche Positionen, und dann kann es eigentlich nur hilfreich sein, wenn man die Öffentlichkeit für seine Vorstellungen gewinnt. So jedenfalls kommen politische Entscheidungen zustande. Alles andere wäre das Ende jeder öffentlichen Debatte in den Parlamenten unserer Demokratien.

Einzelne Regierungen haben das bereits verstanden und sind klug genug, den Forderungen nach Transparenz schrittweise entgegenzukommen und den TTIP-Gegnern Zugeständnisse zu machen. Möglich, dass es sich nur um taktische Manöver handelt, nach dem Motto: »Wir kommen ein Stück weit entgegen, um das Ganze zu retten.« Der deutsche Wirtschaftsminister Sigmar Gabriel zum Beispiel gibt sich als Befürworter des transatlantischen Handelsabkommens, ließ aber von seinem Ministerium das Verhandlungsmandat für die EU veröffentlichen – zwar erst, nachdem es längst auf WikiLeaks zu finden war, aber immerhin. Und er stellt auch Bedingungen, die den Kritikern entgegenkommen. So hält er besondere Schiedsgerichte zwischen den USA und Europa für unnötig, »da beide Partner hinreichenden Rechtsschutz vor nationalen Gerichten gewähren«. In einem 15-Punkte-Programm mit dem Titel »Ziele und Bedingungen für die Berücksichtigung von Nachhaltigkeit, Arbeitnehmerrechten und die Gewährleistung der Daseinsvorsorge«[43] vom März 2014 greift er sogar wesentliche Forderungen von NGOs und Gewerkschaften auf. Unerfindlich bleibt, warum er sich trotzdem noch als engagierter Verfechter von TTIP gibt, denn mit diesen 15 Punkten hätte die Bundesregierung eigentlich sofort die Einstellung der bisherigen Verhandlungen und einen Neubeginn auf Basis eines runderneuerten Verhandlungsmandats fordern müssen.

Doch die Geheimniskrämerei gehört ebenso zum Standardrepertoire von Freihandelsabkommen wie die ständigen Versuche, auf dem Umweg über Handelsverträge nationale Gesetze auszuhebeln. So will die amerikanische Regierung über TiSA an die Konto-Daten der Europäer gelangen, Großkonzerne wollen lukrative Mega-Aufträge bei öffentlichen Dienstleistungen an sich reißen, und mittels einer privaten Nebenjustiz will man sich unabhängig machen von staatlicher Gesetzgebung. Dies sind nur Beispiele, und sie müssen nicht zwangsläufig eins zu eins umgesetzt werden. Aber es ist wahrscheinlich, dass es so kommt, wenn man dem keinen Riegel vorschiebt. Die Bevölkerungen in den großen Wirtschaftsnationen müssen also wachsam sein, und das geht nur, wenn sie auch erfahren, was geplant wird.

Doch Transparenz wollen die Verhandlungspartner nicht gewähren. Da bleibt dann leider nur ein Schluss übrig: Die beabsichtigten Regelungen bevorzugen ganz offensichtlich einseitig die Wirtschaft und vor allem große Unternehmen. Und sie benachteiligen ebenso einseitig Staaten und ihre Bürger. Mit anderen Worten: Läge schwarz auf weiß vor, was da ausgehandelt wird, ließe es sich niemals durchsetzen.

RESTREINT UE/EU RESTRICTED

DIRECTIVES FOR THE NEGOTIATION ON A COMPREHENSIVE TRADE AND INVESTMENT AGREEMENT, CALLED THE TRANSATLANTIC TRADE AND INVESTMENT PARTNERSHIP, BETWEEN THE EUROPEAN UNION AND THE UNITED STATES OF AMERICA

Nature and Scope of the Agreement

1. The Agreement will exclusively contain provisions on trade and trade-related areas applicable between the Parties. The Agreement should confirm that the transatlantic trade and investment partnership is based on common values, including the protection and promotion of human rights and international security.

2. The Agreement shall be ambitious, comprehensive, balanced, and fully consistent with World Trade Organisation (WTO) rules and obligations.

3. The Agreement shall provide for the reciprocal liberalisation of trade in goods and services as well as rules on trade-related issues, with a high level of ambition going beyond existing WTO commitments.

4. The obligations of the Agreement shall be binding on all levels of government.

NB: **This document contains information classified RESTREINT EU/EU RESTRICTED whose unauthorised disclosure could be disadvantageous to the interests of the European Union or of one or more of its Member States. All addressees are therefore requested to handle this document with the particular care required by the Council's Security Rules for documents classified RESTREINT UE/EU RESTRICTED.**

Ehrgeiziges Vorhaben: Die Absichten des transatlantischen Freihandelsabkommens sind im Verhandlungsmandat niedergelegt. Betont wird vor allem die Liberalisierung des Marktes, die noch über das hinausgehen soll, was bisher schon mit der Welthandelsorganisation WTO vereinbart worden ist.

Rechenkünstler bei der Arbeit

Wie uns die Herrschaft der Konzerne verkauft wird und was wirklich hinter den Versprechungen steckt

545 Euro mehr pro Jahr für jeden Privathaushalt, ist das nichts? Zumindest ist es wohl deutlich mehr, als bei jeder groß angekündigten nationalen Steuerreform herauskommen dürfte. Jedenfalls rechnete der frühere EU-Kommissar Karel De Gucht 2013 mit 119 Milliarden Euro zusätzlichem Handelsvolumen für die europäische Wirtschaft, und da bliebe auch für die Kleinen etwas übrig – in Form von Einsparungen durch billigere Waren und durch zusätzliches Einkommen. Und dann: 400 000 neue Arbeitsplätze in Europa! Oder vielleicht sogar 400 000 allein in Großbritannien? Beziehungsweise 181 000 nur in Deutschland. Vielleicht aber auch nur 18 000 – je nachdem, welche Studie man zurate zieht.

Die Versprechungen, die im Zusammenhang mit TTIP gemacht werden, besonders vonseiten der EU-Kommission, sind groß. Der »Abbau von Bürokratie«, bekanntlich eines der mantraartig wiederholten Rezepte des Neoliberalismus, werde »eine Belebung des Handels, die Schaffung von mehr Arbeitsplätzen, mehr Wachstum sowie Produkte und Dienstleistungen zur Folge haben, die künftig ebenso sicher, gesund und umweltfreundlich sein werden wie heute«, heißt es in einer Broschüre der Kommission vom September 2013.[44] Handelskommissar De Gucht behauptete im Januar 2014 in der *Süddeutschen Zeitung:* »Alle Studien sagen, dass wir mit dem Abkommen Hunderttausende zusätzlicher Arbeitsplätze und ein Prozent Wachstum pro Jahr gewinnen werden. Es wird uns helfen, gegenüber dem Rest der Welt wettbewerbsfähiger zu sein.«[45]

Die Regierenden zu beiden Seiten des Atlantiks sehen mit dem

Freihandelsabkommen eine große Zukunft heraufziehen. Als US-Präsident Barack Obama im Februar 2013 die Aufnahme von Verhandlungen ankündigte, sprach er davon, dass beide Seiten von einem Freihandelsabkommen sehr profitieren könnten, wenn Handelshemmnisse abgebaut würden. »Hunderttausende von Jobs auf beiden Seiten des Atlantiks« erwarte er sich zusätzlich, das Projekt habe deshalb »Priorität für meine Regierung«.[46] Der britische Premierminister David Cameron war ebenfalls sehr zuversichtlich und rechnete schon mal mit »100 Milliarden Pfund«, die künftig der europäischen Wirtschaft durch das Abkommen zuflössen – jährlich. Im Gegenzug, so twitterte die Britische Botschaft in Washington Mitte 2013 fröhlich, flössen 80 Milliarden Pfund in die USA. Die deutsche Kanzlerin Angela Merkel lobte in ihrer wöchentlichen Videobotschaft vom 15. Juni 2013 die angestrebten Verhandlungen und meinte, TTIP könne der deutschen Wirtschaft im internationalen Wettbewerb sehr helfen: »Unsere Erfahrungen sind, dass überall dort, wo wir solche Abkommen haben, Wachstum entsteht, Handel und Wandel beflügelt werden.« Sie sei eine starke Befürworterin des Abkommens und wolle nicht vorab schon irgendetwas einschränken: »Ich denke, wir sollten so wenig wie möglich ausklammern.«[47]

Auch aus dem Bundeswirtschaftsministerium ist seit der Ankündigung eines transatlantischen Freihandelsabkommens nur Positives zu hören. Im Juli 2013 sprach der damalige Ressortchef Philipp Rösler (FDP) von »bis zu 400 000 neuen Arbeitsplätzen«, man müsse das Abkommen nur »ambitioniert vorantreiben«.[48] Aber auch sein sozialdemokratischer Nachfolger Gabriel ist dafür, wenngleich er sich zurückhaltender ausdrückt. »Chance und Herausforderung zugleich« sei das geplante Abkommen, es könne zum »Hebel einer politischen Gestaltung der wirtschaftlichen Globalisierung werden«.[49] Aber auch er spricht von einem »großen Jobmotor« und kommt deshalb zu dem Schluss: »Ich bin sehr dafür, dass wir die Chance nutzen, dieses Freihandelsabkommen zum Erfolg zu führen.«[50]

Begeisterung allerorten also über das geplante TTIP, so scheint es. Jedenfalls, was Regierungsvertreter und Unternehmerverbände angeht. Aber wie kommen all diese überschwänglichen Prognosen eigentlich zustande?

Bereits heute gibt es ja kaum noch nennenswerte Zölle zwischen Europa und den USA, selbst die TTIP-Befürworter führen sie kaum einmal als eigentlichen Grund für den angestrebten Vertrag an. Laut EU betragen die Zölle nur noch etwa vier Prozent. Man kann auch nicht behaupten, dass diese wenigen, niedrigen Zölle den Handel über den Großen Teich hinweg arg einschränken würden. Schließlich werden 30 Prozent des gesamten Welthandels von Europa und den USA abgewickelt, das macht ungefähr die Hälfte des weltweiten Bruttosozialprodukts aus. Nach Auskunft der USA werden Jahr für Jahr Waren und Dienstleistungen im Wert von 657 Milliarden Dollar hin und her geliefert, das macht pro Tag einen Warenumsatz von 1,8 Milliarden Dollar.

Und diese Summe soll sich laut Karel De Gucht durch den transatlantischen Vertrag noch einmal um 119 Milliarden Euro, also 165 Milliarden US-Dollar[51], steigern lassen? Nur indem die paar noch verbliebenen Zölle weiter abgesenkt oder ganz abgeschafft werden, die Bürokratie an die kurze Leine genommen wird und überflüssige Regeln für Blinklichter und Seitenspiegel an Autos gestrichen werden – denn dies sind die häufigsten Beispiele für unsinnige Regulierungen beiderseits des Atlantiks?

Ein Handelskommissar als Milchmädchen

In diesem Fall betätigte sich der frühere Handelskommissar als Milchmädchen, sprich: Er rechnete ausschließlich so, wie es seinen Interessen und den Interessen derer, die er anscheinend vertritt, am besten dient.

Bei den 119 Milliarden Euro, die Karel De Gucht anführte, handelt es sich um die zuversichtlichste Annahme in einer Studie, welche die

Bertelsmann-Stiftung beim Münchner ifo-Institut in Auftrag geben hatte. Internationale Wirtschaftswissenschaftler sollten darin abschätzen, was das TTIP bringen könnte. Die auf den ersten Blick beeindruckende Zahl bezieht sich allerdings auf einen Zehnjahreszeitraum. In einer Dekade, so die Ökonomen, ließe sich durch den Vertrag die Wirtschaftsleistung der EU um diese Summe steigern. Das ergibt – und diese Zahl ist schon weit weniger beeindruckend – eine prozentuale Steigerung von gerade mal 0,5 Prozent. Im besten Fall, wohlgemerkt. Auf ein einzelnes Jahr heruntergebrochen, sind das 0,05 Prozent! Und dieses marginale Wachstum soll Hunderttausende neuer Jobs schaffen?

Das ARD-Magazin *Monitor* konfrontierte De Gucht Anfang 2014 mit den genannten Zahlen.[52] Der Handelskommissar bat daraufhin um eine Unterbrechung des Interviews, um die Angaben nachzurechnen. Er kam freilich auch zu keinem anderen Ergebnis.

Die Zahlen, die David Cameron und die Britische Botschaft vermeldeten, basieren auf einer anderen Studie vom »Centre for Economic Policy Research« (CEPR). Es handelt sich laut EU um eine »tiefgehende, unabhängige Untersuchung über die möglichen Auswirkungen«, sie wurde im März 2013 veröffentlicht. Wie unabhängig das Institut CEPR tatsächlich ist, darüber kann man streiten. Finanziert wird es nämlich zu zwei Dritteln von Investmentbanken, Unternehmensberatern, Vermögensverwaltern und anderen Einrichtungen des Finanzsektors, auch von der Europäischen Zentralbank. Das muss nicht heißen, dass die Untersuchungen des Instituts interessengesteuert sind, auszuschließen ist es aber erst recht nicht. Interessant jedenfalls, was man bei der EU-Kommission offenbar unter »unabhängig« versteht. Die Zahlen, die das CEPR angibt, schwanken gewaltig, was die positiven Effekte angeht – je nachdem, welches Szenario für die Umsetzung angenommen wird. Sie variieren zwischen 50 und 90 Milliarden Euro für die USA und zwischen 68 und 120 Milliarden Euro für die EU, und das alles frühestens ab 2027. Real entspricht das einem jährlichen Wachstum von 0,2 bis 0,5 Prozent.

Berauschend ist das nicht, aber es klingt immer noch besser als das, was das freihandelsfreundliche CEPR für den Arbeitsmarkt herausgefunden hat. Die Anzahl der europäischen Arbeitsplätze in der Automobilindustrie könne zwar um 1,28 Prozent steigen, dem stünden allerdings Arbeitsplatzverluste in der Elektronikindustrie und in der Metallherstellung gegenüber. Auch die Kommunikationsindustrie sowie der Transport- und Dienstleistungssektor müssten mit Einbrüchen rechnen. In den USA hingegen würde die metallverarbeitende Industrie zwar wachsen, dafür sei dort mit Arbeitsplatzverlusten in der Automobilindustrie, der Landwirtschaft, im Luftverkehr, im Finanz- und Dienstleistungssektor, im Maschinenbau sowie im Kommunikationssektor zu rechnen.

Der Ehrlichkeit halber muss man sagen: Auch diese Zahlen entstammen weitgehend dem Reich der Spekulation, ebenso wie die der erwarteten Gewinne. Zu hören sind sie in der öffentlichen Diskussion freilich nicht. Vielmehr muss man sie sich auf den Seiten 72 bis 75 der erwähnten CEPR-Studie mühsam zusammensuchen. Was nicht verwundert, denn Werbung für das TTIP lässt sich damit nicht machen.

Letztlich geht es bei den erwähnten Studien nur um die Vermittlung einer einzigen Wahrheit: Das TTIP ist gut für uns alle und basta! Betrachtet man die Arbeiten etwas genauer, stellt man schnell fest, dass die behandelten Faktoren viel zu komplex und viel zu wenig berechenbar sind, um einigermaßen verlässliche, ja überhaupt statistisch messbare Ergebnisse liefern zu können.

Das ist aber auch nicht die Aufgabe einer Studie, die im politischen Wettbewerb einsetzbar sein soll. Sie dient ja nicht dem wissenschaftlichen Erkenntnisgewinn, sondern der Argumentation im Widerstreit der Meinungen. Es geht also darum, bereits feststehende Behauptungen so gut wie möglich zu bestätigen.

Table 34 Change in more skilled employment in the EU by sector (in per cent), 2027 benchmark, ambitious scenario, 20 per cent direct spill-overs

	A=B+C+D+E+F	B	C	D	E	F	G
Baseline shares in more skilled employment	Total	tariffs	total NTBs goods	total NTBs services	direct spillovers	indirect spillovers	procurement
Agr forestry fisheries	0.005	0.07	0.04	-0.06	-0.01	0.09	0.01	0.00
Other primary sectors	0.004	-0.01	0.00	-0.12	-0.01	0.11	0.00	-0.01
Processed foods	0.016	0.28	0.01	0.39	-0.01	-0.21	0.10	0.04
Chemicals	0.024	0.08	-0.13	0.87	-0.06	-0.73	0.14	0.20
Electrical machinery	0.004	-7.00	-0.18	-1.29	0.00	-5.36	-0.17	0.08
Motor vehicles	0.013	1.28	-0.92	3.74	-0.04	-1.73	0.23	0.56
Other transport equipment	0.007	-0.23	-0.25	0.03	-0.04	0.02	0.01	0.16
Other machinery	0.043	0.18	0.34	-1.06	-0.09	1.36	-0.38	0.03
Metals and metal products	0.015	-1.61	0.00	-0.61	-0.06	-0.76	-0.18	-0.76
Wood and paper products	0.016	-0.16	0.02	-0.17	-0.02	-0.12	0.13	-0.04
Other manufactures	0.018	0.52	0.54	-0.21	-0.03	0.42	-0.20	0.00
Water transport	0.002	0.43	0.03	-0.10	-0.04	0.20	0.34	0.00
Air transport	0.002	0.11	0.09	-0.20	0.00	0.13	0.08	-0.02
Finance	0.041	0.12	0.00	-0.04	0.21	-0.05	0.02	-0.07
Insurance	0.015	0.57	0.02	-0.07	0.56	0.03	0.03	-0.01
Business services	0.166	-0.16	-0.04	-0.09	-0.02	-0.02	0.00	-0.01
Communications	0.026	-0.14	-0.02	-0.06	-0.07	-0.02	0.02	-0.01
Construction	0.045	0.18	0.06	0.12	0.00	-0.01	0.02	0.01
Personal services	0.043	-0.04	-0.02	-0.18	-0.03	0.11	0.08	-0.02
Other services	0.496	0.06	0.00	0.03	-0.01	0.02	0.01	0.00
Displacement Index		*0.55*	*0.15*	*0.53*	*0.09*	*0.53*	*0.10*	*0.12*

Note: Displacement index is the weighted mean deviation (square root of the weighted mean squared variation).

Magere Ergebnisse: Die Auswirkungen auf den Arbeitsmarkt sind laut der CEPR-Studie nur äußerst dürftig und praktisch kaum messbar – und das in einem Zehnjahreszeitraum und trotz der sehr optimistischen Annahmen aus Sicht der TTIP-Befürworter.

Table 36 Change in less skilled employment in the EU by sector (in per cent), 2027 benchmark, ambitious scenario

	A=B+C+D+E+F	B	C	D	E	F	G
Baseline shares in less skilled employment	Total	tariffs	total NTBs goods	total NTBs services	direct spillovers	indirect spillovers	procurement
Agr forestry fisheries	0.054	0.07	0.04	-0.07	-0.01	0.09	0.01	0.00
Other primary sectors	0.006	-0.02	0.00	-0.12	0.00	0.12	0.00	-0.01
Processed foods	0.037	0.28	0.00	0.36	0.00	-0.18	0.11	0.04
Chemicals	0.031	0.08	-0.14	0.83	-0.05	-0.71	0.15	0.20
Electrical machinery	0.005	-7.01	-0.19	-1.33	0.01	-5.33	-0.16	0.08
Motor vehicles	0.024	1.27	-0.93	3.70	-0.03	-1.71	0.24	0.56
Other transport equipment	0.012	-0.23	-0.26	0.00	-0.03	0.05	0.02	0.16
Other machinery	0.052	0.17	0.33	-1.09	-0.08	1.39	-0.38	0.04
Metals and metal products	0.033	-1.62	-0.01	-0.64	-0.05	-0.73	-0.18	-0.76
Wood and paper products	0.032	-0.17	0.01	-0.21	-0.01	-0.10	0.14	-0.04
Other manufactures	0.044	0.51	0.52	-0.25	-0.02	0.45	-0.19	0.00
Water transport	0.003	0.42	0.02	-0.15	-0.03	0.24	0.34	0.01
Air transport	0.004	0.10	0.08	-0.24	0.01	0.16	0.09	-0.01
Finance	0.026	0.12	-0.01	-0.08	0.22	-0.03	0.02	-0.07
Insurance	0.009	0.56	0.00	-0.10	0.56	0.06	0.03	0.00
Business services	0.103	-0.17	-0.05	-0.12	-0.01	0.01	0.01	-0.01
Communications	0.017	-0.15	-0.03	-0.09	-0.06	0.01	0.02	-0.01
Construction	0.106	0.17	0.04	0.08	0.01	0.02	0.03	0.02
Personal services	0.027	-0.05	-0.03	-0.21	-0.03	0.13	0.09	-0.02
Other services	0.375	0.05	-0.01	-0.01	0.00	0.05	0.02	0.01
Displacement Index		0.65	0.20	0.69	0.07	0.62	0.12	0.17

Note: Displacement index is the weighted mean deviation (square root of the weighted mean squared variation).

Zum Zwecke der Propaganda: Die Inflation der Studien

Die Größe der Aufgabe ließ es offenbar sinnvoll erscheinen, den Verhandlungsprozess durch eine Reihe weiterer Studien, nicht nur der EU-Kommission selbst, sondern auch diverser Wirtschaftsinstitute und Denkfabriken, zu begleiten. Dazu gehören die Bertelsmann-Stiftung, die Deutsche Bank, der Atlantic Council, das Londoner Centre for Economic Policy Research und das ifo-Institut, mehrheitlich weniger neutrale denn industriefreundliche Institutionen, deren Sichtweisen nicht allzu weit auseinanderklaffen.

Nichtsdestotrotz sind die ermittelten Zahlen in diesen Studien oft nicht sehr belastbar. Was damit zu tun hat, dass die Verfasser meist von eher geringen Effekten ausgehen mussten und die verschiedenen Szenarien nur sehr unzureichende Rückschlüsse zuließen. So musste die Bundesregierung im Januar 2014 auf eine Anfrage der Linken über die Aussagekraft der verschiedenen bekannten Studien zugeben: »Die quantitativen Ergebnisse der einzelnen Simulationen basieren auf bestimmten Modellannahmen und -spezifikationen, zum Beispiel hinsichtlich des Grades des Abbaus von tarifären und nicht-tarifären Handelsbarrieren, die jeweils von den Autoren gesetzt wurden. Sie unterscheiden sich von Studie zu Studie, wodurch die Ergebnisse der Simulationen voneinander abweichen können.«[53]

Und sie tun es tatsächlich. Ein direkter Vergleich, so die Bundesregierung, sei daher gar nicht möglich. Die »Handels-, Wachstums- und Wohlstandseffekte«[54] hingen letztlich vom Grad der Liberalisierung und damit vom Verhandlungsergebnis ab. Das aber könne man selbstverständlich nicht vorhersehen.

Wohl wahr! Aber besagt diese Einschätzung der Bundesregierung nicht genau genommen, dass all diese Studien rund um das TTIP eigentlich überflüssig und nichts weiter sind als die wissenschaftliche Verbrämung politischer Absichtserklärungen? Denn wenn man schon nicht sagen kann, ob bei einer Gesamtbevölkerung von mehr als 820 Millionen Menschen in zehn Jahren 400 000 neue Arbeitsplätze in ganz Europa entstehen oder vielleicht in Europa und in den USA, ob es vielleicht nur 110 000 sein werden oder gar eher weniger, weil das Freihandelsabkommen auch sehr viel Rationalisierung ermöglichen wird – wozu braucht man dann solche Aussagen überhaupt?

Offenbar dienen die Zahlen in erster Linie dazu, Bedenken zu zerstreuen. Was nicht immer gut funktioniert, wenn die Aussagen aus verschiedenen Studien auch noch recht unterschiedlich sind. So muss der Hauptautor der ifo-Studie, Wirtschaftsprofessor Gabriel

Felbermayr, in Interviews immer wieder darauf hinweisen, dass die Informationspolitik der EU-Kommission und des Bundeswirtschaftsministeriums »nicht ausbalanciert« sei und deshalb immer wieder unrichtige beziehungsweise recht unterschiedliche Zahlen im Umlauf seien. Laut der von ihm federführend miterarbeiteten Studie, so Felbermayr im Frühjahr 2014 in der ARD, gäbe es mit dem TTIP auf alle Fälle keine negativen Beschäftigungseffekte. Im positivsten Fall würde die Anzahl der Arbeitsplätze maximal wohl um 0,4 bis 0,5 Prozent ansteigen, die Arbeitslosenquote entsprechend sinken. Dies allerdings auch nur bei »tiefer Liberalisierung«, sprich: wenn nahezu sämtliche bisherige Regulierungen und Standards zugunsten eines völlig ungezügelten Marktes abgeschafft würden. Was sich jedoch nur ganz hartgesottene Marktradikale wünschen und was auch nicht besonders mehrheitsfähig sein dürfte.

All das klingt nicht beruhigend. Trotzdem erfüllen die Ergebnisse dieser und anderer Studien dann doch letzten Endes ihren politischen Auftrag, denn ein geringer Zuwachs an Arbeitsplätzen ist immer noch besser als gar keiner. Und dass Freihandelsabkommen genau diesen Effekt haben können, zeigt sich an Beispielen aus der Vergangenheit.

Schlechte Erfahrungen mit NAFTA & Co.

Etwa am nordamerikanischen NAFTA-Vertrag. NAFTA steht für »North American Free Trade Agreement« und damit für jenes Abkommen, das zum 1. Januar 1994 in Kraft trat und eine Freihandelszone zwischen Kanada, den USA und Mexiko schuf. Im Vergleich zu damals hat sich der Handel zwischen den drei Staaten inzwischen zwar verdreifacht, aber davon profitiert lediglich die Industrie. Die Bürger der drei Staaten haben eher Nachteile in Kauf nehmen müssen, am wenigsten die Kanadas, mehr schon jene der USA, am meisten jedoch die Mexikaner.

Dabei war einer der Gründe, mit denen die Regierung Clinton den US-Amerikanern den Vertrag schmackhaft zu machen versuchte, die Zunahme an Arbeitsplätzen. Mit NAFTA, so hieß es, würden zum Beispiel in Mexiko viele neue Arbeitsplätze entstehen, die armen Mexikaner würden nicht mehr illegal über die Grenze in die Vereinigten Staaten kommen und dort den US-Amerikanern die Fabrikarbeitsplätze wegnehmen. Außerdem entstünden durch die Freihandelszone zahlreiche neue Stellen.

Die Wirkung war freilich eine ganz andere. Kaum war der Markt geöffnet, überschwemmten US-Agrarkonzerne den mexikanischen Markt mit billigem Mais, der in den USA in großem Stil und hoch subventioniert angebaut wird. Viele Kleinbauern in Mexiko konnten mit den Preisen nicht mithalten und verloren ihre Existenz, woraufhin sie erst recht versuchten, über die Grenze in die Vereinigten Staaten zu gelangen, um wenigstens jene miesen Jobs zu ergattern, die selbst bei armen US-Amerikanern nicht sehr beliebt sind, beispielsweise in den großen Schlachtfabriken.

Neue Arbeitsplätze entstanden in Mexiko zwar auch – nahe der Grenze zu den USA. Sogenannte Maquiladoras, Fabriken für ungelernte Arbeiter und Armutsflüchtlinge aus dem eigenen Land, produzieren billige Waren für den Export, meist in die USA, und das zu extrem niedrigen Löhnen und unter oftmals katastrophalen Arbeitsbedingungen. Lange aber blieben die meisten dieser Jobs nicht im Lande, denn in China, Kambodscha oder Vietnam konnten die gleichen Waren sehr bald schon noch billiger hergestellt werden, die Transportkosten fielen da kaum ins Gewicht. Schöne neue Welt der Globalisierung.

Bereits zum zehnten Jahrestag des NAFTA-Abkommens stellte die Weltbank fest, dass auch in Mexiko »die Entwicklung seit dem NAFTA-Start nicht gerade bemerkenswert« gewesen sei, trotz gestiegener Ausfuhren.[55] Tatsächlich sei das Lohnniveau sogar gesunken, und die Zahl der Mexikaner, die ihr Leben unterhalb der Armutsgrenze fristen müssten, steige weiterhin an. Noch einmal zehn

Jahre später, zum zwanzigjährigen Bestehen der NAFTA-Freihandelszone 2014, sah die Bilanz nicht besser aus. Der wissenschaftliche Dienst des US-Kongresses kam zu dem ernüchternden Schluss: »NAFTA hat nicht so viele Arbeitsplätze vernichtet, wie seine Kritiker befürchteten. (…) Unter dem Strich scheinen die Auswirkungen von NAFTA auf die US-Wirtschaft recht bescheiden gewesen zu sein.«[56]

Will man diese Aussage als Erfolg werten? Vielleicht dann, wenn man in Betracht zieht, was das Economic Policy Institute aus Washington schon 2012 festhielt. Die US-Denkfabrik bezifferte die Zahl der Arbeitsplätze in der Industrie, die durch NAFTA in den USA verloren gegangen waren, auf rund 700 000. Hinzu kam ein rasch ansteigendes Handelsdefizit.

Bleibt noch die Frage, wer letztendlich von NAFTA profitiert, wenn schon nicht die Kleinbauern aus Mexiko, die illegalen Einwanderer, die immer wieder versuchen, über die Grenze zu gelangen, und auch nicht die einfachen Industriearbeiter im Süden der USA, die um ihre Jobs bangen müssen.

Die Gewinner der Freihandelszone sind jene Konzerne, Großunternehmen und Investoren, die entweder ihre Waren günstiger verkaufen oder produzieren können, und zwar jeweils in dem Gebiet, das ihnen gerade die besten Konditionen bietet. Lohnt sich die Produktion dort nicht mehr, ziehen sie weiter in andere Bereiche der Freihandelszone, wo man noch billiger produzieren oder noch teurer verkaufen kann oder wo sich die Investitionen noch mehr lohnen. Oder sie entscheiden sich gleich für ganz andere Weltgegenden. Zur Not besteht ja auch noch die Möglichkeit, Geld durch Schadensersatzklagen für entgangene Gewinne zu verdienen. Denn auch das ermöglichen viele Freihandelsabkommen beinahe automatisch. Der kanadische Staat zum Beispiel hat wegen NAFTA inzwischen Schadensersatzsummen in Höhe von rund 170 Millionen kanadischer Dollar zahlen müssen.

Zwar ist die nordamerikanische Freihandelszone nur bedingt

vergleichbar mit der jetzt geplanten größten Freihandelszone der Welt, und die USA bleiben die USA, während Europa nicht Mexiko ist, dennoch ist die ernüchternde Bilanz von 20 Jahren NAFTA ein Grund, nachdenklich zu werden. Freihandelszonen zwischen wirtschaftlich nicht gleichwertigen Partnern helfen meist dem stärkeren Partner, und der weniger starke erhofft sich zumindest einen leichteren Marktzugang beim anderen, um auf diese Weise ebenfalls von dem Deal zu profitieren. Wie man am Beispiel NAFTA sieht, klappt das nicht immer und ist äußerst risikobehaftet. So schlossen die USA im Jahr 2012 ein Freihandelsabkommen mit Südkorea ab in der Hoffnung, erheblich mehr Autos dorthin exportieren zu können. Diese Hoffnungen trogen freilich. Stattdessen überschwemmt seitdem auf dem Umweg über Südkorea eine Fülle von Billigprodukten aus Bangladesch und China den amerikanischen Markt, was nach Ansicht der US-Gewerkschaften mitverantwortlich ist für den Preisdruck und die niedrigen Löhne in bestimmten Branchen.

Was hat der Einzelne davon?

Bei annähernd gleich starken Vertragspartnern ist die Lage oftmals komplizierter. Die großen Vorteile, die TTIP bringen soll, sind jedenfalls schwer zu erkennen – zumindest, wenn es um die Vorteile für den Verbraucher und für die breite Masse der mehr als 820 Millionen direkt und indirekt Betroffenen geht. Abbau von Bürokratie, Vermeidung von Doppelarbeit, Aufhebung von unsinnigen Bestimmungen lauten dann die Schlagworte. Aber was genau hat der Einzelne davon?

Die Beispiele, die von den Befürwortern angeführt werden, betreffen meist klar verständliche Dinge in einem der größten Industriesektoren überhaupt, dem Automobilbau. In der Tat gibt es da eine Reihe sehr merkwürdiger Bestimmungen, die den Im- und Export von Autos zwischen den USA und Europa regeln. Es handelt sich oft um historisch gewachsene Vorschriften, die ihren praktischen Sinn längst verloren haben, sich jedoch auf die Zulassungsverfahren hier wie dort auswirken. Und so muss das, was in dem einen Wirtschaftsraum bereits genehmigt und zugelassen ist, in dem anderen erneut ein Produktzulassungsverfahren durchlaufen.

Solche Zulassungsverfahren sind in der Regel sehr kostspielig und verhindern bisweilen sogar komplett den Austausch von Waren, weil sich der Export für den Hersteller nicht mehr rentiert. Würden die technischen Standards gegenseitig anerkannt, so argumentieren TTIP-Befürworter, so würde der Warenaustausch zunehmen.

Ähnlich verhält es sich mit Restriktionen im Bereich des Transports. Im Gegensatz zu den Europäern schotten die Amerikaner ihren Markt hier stark ab. So gilt noch immer ein Gesetz aus den Zwanzigerjahren des vergangenen Jahrhunderts, wonach es Schiffen aus Europa untersagt ist, ohne Weiteres Güter in US-Häfen anzulanden oder zu laden. Und auch im Flugverkehr bleiben die US-Airlines zu Hause unter sich. Ausländische Gesellschaften dürfen mit ihren Maschinen nicht auf inneramerikanischen Verbindungen fliegen. Umgekehrt können US-Airlines sehr wohl innereuropäische Flüge anbieten.

Die Beispiele für Unsinnigkeiten und Widerstände zwischen den beiden Wirtschaftsblöcken, die den Handel erschweren und den Austausch von Gütern unmöglich machen, ließen sich beliebig fortsetzen. Wobei die Ansichten darüber, was abstrus und was vernünftig ist, hier wie dort stark auseinandergehen. Die Furcht Europas vor gentechnisch veränderten Lebensmitteln mag manchen Amerikanern ebenso lächerlich erscheinen wie uns eines jener berühmten amerikanischen Regionalgesetze, die es zum Beispiel verwitweten, ledigen und geschiedenen Frauen in Florida verbieten, an Sonn- und Feiertagen Fallschirm zu springen, oder die es in North Dakota untersagen, beim Schlafen Schuhe zu tragen.

Manche Meinungsverschiedenheiten und unterschiedlichen Ansichten werden aber wohl nicht geklärt werden können. Oft ist das auch gar nicht notwendig, man muss schließlich nicht alles verein-heitlichen. Was an Hindernissen und Hemmnissen angeführt wird, scheint selbst bei wohlwollender Betrachtung kaum geeignet, im Falle der Abschaffung die Handelsbilanzen in ungeahnte Höhen zu katapultieren.

Es bleibt die Frage, ob es wirklich notwendig ist, für derlei Ver-änderungen gleich ein ganzes Freihandelsabkommen mit all seinen Unwägbarkeiten und Gefahren abzuschließen. Möglicherweise spie-len noch ganz andere Überlegungen eine Rolle, die man der breiten Öffentlichkeit diesseits und jenseits des Atlantiks lieber vorenthält, weil sie sehr viel gravierendere Auswirkungen zeitigen könnten.

Unter Geiern

Kernproblem Investorenschutz: Wie eine unabhängige
Justiz durch Geheimgerichte ersetzt wird

Dieser Tag in Washington könnte für die Bundesrepublik Deutschland noch sehr teuer werden. 4,6 Milliarden US-Dollar stehen auf dem Spiel. Die will der schwedische Energiekonzern Vattenfall von Deutschland haben, weil er wegen des Atomausstiegs die Atomkraftwerke Krümmel und Brunsbüttel vorzeitig vom Netz nehmen musste. Und holen will Vattenfall sich den entgangenen Gewinn nun in einem unscheinbaren Gebäude aus Marmor und Granit an der 1818 H Street in Washington, nur wenige hundert Meter vom Weißen Haus entfernt.

Man trifft sich auf dem Gelände der Weltbank unter Ausschluss der Öffentlichkeit. Die Klägerseite ist unter anderem vertreten durch den 43-jährigen deutschen Wirtschaftsanwalt Richard Happ, einen Spezialisten für solche Streitigkeiten in der Hamburger Kanzleigesellschaft Luther. Happ hat das Mandat von Vattenfall im Frühjahr 2012 bekommen, am 31. Mai 2012 haben die Schweden ihre Klage eingereicht. Auf der anderen Seite steht die nur unwesentlich jüngere Frankfurter Anwältin Sabine Konrad, die wie rund tausend andere Anwälte für die weltweit tätige Kanzlei McDermott Will & Emery arbeitet. Auch sie gilt als Spezialistin für Investitionsstreitverfahren. Die Bundesregierung hat sie engagiert, um Vattenfall Paroli zu bieten. Im Berliner Wirtschaftsministerium hat man eigens eine Stabsstelle mit vier Mitarbeitern eingerichtet, die ihr zuarbeiten sollen, die »Geschäftsstelle Schiedsverfahren 13. Atomgesetznovelle«. Im Bundeshaushalt 2014 sind für das Verfahren 2,2 Millionen Euro eingeplant, der Hauptteil davon dürfte auf Anwaltskosten entfallen.

Investment

LIMITED

Final 1 August 2014   •

Section 6: Investor-State Dispute Settlement

Article X.17: Scope of a Claim to Arbitration

1. Without prejudice to the rights and obligations of the Parties under Chapter [XY](Dispute Settlement), an investor of a Party may submit to arbitration under this Section a claim that the respondent has breached an obligation under:
   (a) Section 3 (Non-Discriminatory Treatment) of this Chapter, with respect to the expansion, conduct, operation, management, maintenance, use, enjoyment and sale or disposal of its covered investment; or

   (b) Section 4 (Investment Protection) of this Chapter; and

   where the investor claims to have suffered loss or damage as a result of the alleged breach.
2. Claims under subparagraph 1(a) with respect to the expansion of a covered investment may be submitted only to the extent the measure relates to the existing business operations of a covered investment and the investor has, as a result, incurred loss or damage with respect to the covered investment.

3. For greater certainty, an investor may not submit a claim to arbitration under this Section where the investment has been made through fraudulent misrepresentation, concealment, corruption, or conduct amounting to an abuse of process.

4. A tribunal constituted under this Section may not decide claims that fall outside of the scope of this Article.

Article X.18: Consultations

1. Any dispute should as far as possible be settled amicably. Such a settlement may be agreed at any time, including after the arbitration has been commenced. Unless the disputing parties agree to a longer period, consultations shall be held within 60 days of the submission of the request for consultations pursuant to paragraph 3.

2. Unless the disputing parties agree otherwise, the place of consultation shall be:

   (a) Ottawa, where the measures challenged are measures of Canada;

   (b) Brussels, where the measures challenged include a measure of the European Union; or

   (c) the capital of the Member State of the European Union, where the measures challenged are exclusively measures of that Member State. .
3. The investor shall submit to the other Party a request for consultations containing:

   (a) the following information:

LIMITED

Softe Variante: Im fertiggestellten Entwurf des CETA-Abkommens zwischen Kanada und der EU gibt es auch einen umfangreichen Abschnitt über Schiedsgerichtsverfahren. Vermutlich wegen der Proteste hat man die Bestimmungen darin etwas entschärft.

Es steht auch einiges auf dem Spiel. Bei einem Schiedsgerichtsverfahren dieser Art hat man sozusagen nur einen Schuss frei, es gibt keine Revision. Ein vorsitzender Richter, in diesem Falle der Niederländer Albert Jan van den Berg, entscheidet am Schluss alleine. Er ist von den beiden Streitparteien einvernehmlich benannt worden, das ist Bedingung. Die beiden Beisitzer sind jeweils vom Kläger beziehungsweise vom Beklagten vorgeschlagen worden.

Man wird sich an diesem Tag in ein Sitzungszimmer zurückziehen, vielleicht wird man Sachverständige anhören oder auch Zeugen befragen. Am Ende wird womöglich eine Entschädigungssumme festgesetzt oder ein Vergleich geschlossen. Es kann auch sein, dass die Klage abgewiesen wird. Aber das weiß außer Richter van den Berg noch niemand, und womöglich weiß es noch nicht einmal der Niederländer selbst.

Von den beiden Anwälten ist weder vorab noch nachher etwas zu erfahren, sie sind in einem verschwiegenen Geschäft tätig. Sie geben keine Interviews, sie geben auch keine Erklärungen ab. Während des laufenden Verfahrens ohnehin nicht. Aber die Öffentlichkeit wird aller Voraussicht nach sowieso nie erfahren, was in dem Gebäude vor sich gegangen ist. Im ungünstigsten Fall wird sie nur erfahren, wie viel sie zahlen darf. Mehr nicht.

Vier Milliarden US-Dollar, das sind rund 3,7 Milliarden Euro. Man sollte meinen, dass der Steuerzahler, wenn es um derartige Summen geht, etwas mehr Recht auf Information hätte. Aber das ist ein Irrtum.

Außerhalb der herkömmlichen Legalität

Warum kann ein souveräner Staat wie die Bundesrepublik Deutschland wegen einer Zukunftsentscheidung, die ein demokratisch gewähltes Parlament getroffen hat, von einem Großkonzern vor ein geheim tagendes Gericht gezerrt werden? Nur weil einem international tätigen Großunternehmen wie Vattenfall nicht gefällt, was eine demokratisch gewählte Regierung als Gesetz beschlossen hat? Darf eine solche parlamentarische Mehrheit etwa keine Beschlüsse mehr fassen, die internationalen Konzernen möglicherweise ein lukratives Geschäft vermasseln? Zwar haben solche international agierenden Konzerne in den allermeisten Fällen die Möglichkeit, in den jeweiligen Ländern vor Gericht zu ziehen und gegen die Widerstände zu klagen, die ihnen in den Weg gelegt werden. Aber es hat sich herausgestellt, dass dieser Klageweg oft gar nicht so einfach ist, zumal man sich, je nach Größe des Unternehmens, mit zig verschiedenen Rechtssystemen auskennen und letztlich auch auseinandersetzen muss.

Aber es geht auch einfacher. Indem Staaten zum Beispiel Handelsabkommen abschließen, die eine Investorenschutzklausel enthalten und in denen sich die Vertragspartner verpflichten, Schiedsgerichte außerhalb der jeweiligen landesspezifischen Justizsysteme einzurichten. Die dann natürlich auch bindend entscheiden können und keine Revision zulassen.

Bei diesen Schiedsgerichten handelt es sich gewissermaßen um Sondergerichte für die freie Wirtschaft, die ihre Entscheidungen außerhalb der nationalen Rechtsordnung fällen. Etwas Vergleichbares gibt es sonst nur im Sport oder in den Armeen dieser Welt, mit der Sport- und Militärgerichtsbarkeit, oder auch im Vatikan. Mit dem bedeutsamen Unterschied, dass die Entscheidungen der Handels-Schiedsgerichte Folgen nicht für nur eine vergleichsweise kleine Gruppe mit Sonderinteressen haben, sondern gleich für ein ganzes Volk, im Extremfall sogar für einen ganzen Kontinent. Der vorsitzende Richter und die beiden Beisitzer eines solchen Gerichts sind damit mächtiger als beispielsweise das Bundesverfassungsgericht.

Mit dem Grundsatz »Gleiches Recht für alle!« hat das nichts mehr zu tun. Im Prinzip geht es darum, dass große multinationale Unternehmen ihren eigenen, verkürzten Rechtsweg bekommen, der ihnen eine Fülle von Vorteilen bietet. Er erlaubt es unter bestimmten Umständen, gewaltige Summen von Nationalstaaten zu verlangen, wenn diese Nationalstaaten Gesetze erlassen, die den Geschäften dieser Unternehmen vermeintlich schaden.

Auch TTIP sieht einen solchen verkürzten Rechtsweg als fundamentalen Bestandteil vor – ganz einfach deshalb, weil das in vielen anderen internationalen Handelsabkommen auch so ist. Für die breite Öffentlichkeit auf beiden Seiten des Atlantiks ist das kaum verständlich. Schließlich gibt es hüben wie drüben funktionierende Rechtssysteme, die großen Unternehmen genauso zur Verfügung stehen wie jedem einfachen Bürger.

Mit den Schiedsgerichten besteht darüber hinaus die Gefahr, dass Konzerne die Verfahren als Hebel nutzen werden, um ihnen missliebige Gesetze und Verordnungen zu kippen. Nicht umsonst hat sich die deutsche Umweltministerin Barbara Hendricks (SPD) schon kurz nach ihrem Amtsantritt äußerst skeptisch zu den TTIP-Verhandlungen geäußert. »Das würde bedeuten«, sagte sie zu *Spiegel Online*, »dass Großkonzerne ihre Interessen gegen die Gesetzgebung der Mitgliedsländer der EU durchsetzen können, und zwar ohne demokratische Kontrolle. Das hätte eine historische Dimension.«[57] Sie sehe das geplante Abkommen deshalb sehr kritisch, denn viele Regelungen nicht nur zum Umwelt- und Gesundheitsschutz wären dann leicht angreifbar: »Ein solches Schlupfloch würde die Errungenschaften von 150 Jahren Arbeiterbewegung, hundert Jahren Frauenbewegung und 50 Jahren Umweltbewegung mit einem Federstrich zerstören.«[58]

Da ist sich die deutsche Ministerin mit der amerikanischen Anwältin und Aktivistin Lori Wallach einig, die mit Public Citizen's Global Trade Watch die größte Verbraucherschutzorganisation der Welt leitet. Sie sagt: »Dieses Schlichtungsregime macht klar, dass die Rechte von Unternehmen höherwertig sein sollen als die Souveränität von Staaten.«[59] Wallach spricht von einem »Drohinstrument der Investoren gegenüber dem Staat«; Tausende von Unternehmen könnten dann »alle möglichen staatlichen Gesetze zum Schutz der Gemeinschaftsinteressen aufs Korn nehmen«. Besonders gefährdet

ären ihrer Ansicht nach Gesundheits- und Sicherheitsstandards
von Konsumgütern, Gesetze über Umweltschutz und Flächennut-
zung, Entscheidungen bei der Ausschreibung staatlicher Projekte,
Klimaschutz- und energiepolitische Maßnahmen, Gesetze über Was-
serschutz oder Einschränkungen des Rohstoffabbaus.

Die Skepsis geht längst quer durch die politischen Parteien. Vor
der Aufweichung »hoher deutscher und europäischer Standards für
die Qualität und Sicherheit von Lebensmitteln«[60] warnten nicht nur
der deutsche Kurzzeit-Landwirtschaftsminister Hans-Peter Friedrich
(CSU), sondern auch mehrere konservative Minister auf Länderebene.
Der CDU-Bundestagsabgeordnete Peter Beyer, Berichterstatter seiner Fraktion für transatlantische Beziehungen, weiß etwa: »Deutschland will diesen Investorenschutz nicht.« Er findet, Unternehmen
könnten sich nicht gegen jedes Risiko absichern lassen.[61]

Im Frühsommer 2014 klammerte die Europäische Kommission
die Frage der Schiedsgerichte für Investoren in den Verhandlungen
zwar zeitweise aus, weil die öffentliche Empörung über diese ver-
harmlosend »Investitionsschutzklausel« genannte Regelung zu groß
geworden war, ganz verabschieden will man sich davon jedoch auf
keinen Fall. Die Begründung lautet: Da könnte ja jeder kommen!
Jeder, das sind andere Staaten in künftig erst noch auszuhandelnden
Freihandelsabkommen, die dann möglicherweise auch keine Investitionsschutzklausel haben wollen. Speziell in den schwierigen Verhandlungen mit China oder Indien über künftige Freihandelsabkommen können das sowohl die USA als auch die Europäische
Union gar nicht gebrauchen.

Manche Kommentatoren meinen gar, ohne die Investorenschutzklausel würde die amerikanische Seite TTIP platzen lassen. Auch
deshalb, weil die USA doppelt so viele Unternehmen haben, die im
Zweifelsfall klagen könnten, wie die EU. Denn aktuell treiben etwa
50 800 amerikanische Firmen Handel mit europäischen Ländern,
umgekehrt gibt es nur etwa 24 000 Unternehmen aus der EU, die in
den Vereinigten Staaten aktiv sind.

Die Milliardenklagen mehren sich

Eine wie auch immer geartete Regelung zum Schutz ausländischer Investitionen auf der jeweils anderen Seite des Atlantiks ist im TTIP also ziemlich wahrscheinlich. So ist es denkbar, dass demnächst der Genmais-Hersteller Monsanto eine Milliardenklage gegen die Bundesrepublik Deutschland einreichen wird, weil dessen Genmais 1507 trotz der grundsätzlichen Zulassung durch die EU in Deutschland nicht angebaut werden soll. Die Amerikaner werden darauf verweisen, dass sie dadurch aktuell bereits Verluste in Milliardenhöhe hätten, die in Zukunft noch größer würden, und dass die Bundesrepublik Deutschland diese Verluste ersetzen müsse.

Oder große Tabakhersteller wie Philip Morris oder Reynolds werden viele Milliarden Euro haben wollen, weil einzelne Mitgliedsländer der Europäischen Union die Zigarettenwerbung verboten und scharfe Anti-Raucher-Gesetze erlassen haben. Das schmälere den Gewinn, den sie mehr oder weniger guten Glaubens hätten erwarten können, wenn es die Werbebeschränkungen und die Anti-Raucher-Gesetze in dieser Form nicht gegeben hätte, werden die Tabakhersteller sagen. Philip Morris hat solche Klagen bereits gegen Uruguay und Australien vor solchen Schiedsgerichten angestrengt; die Forderung an Uruguay beläuft sich auf vier Milliarden Dollar, was gut ein Fünftel des uruguayischen Staatshaushalts ausmacht. Zuvor war der Tabakkonzern übrigens vor nationalen Gerichten gescheitert, sowohl in Uruguay als auch in Australien.

Vor allem die großen Energieunternehmen werden kommen und bestimmten Regierungen vorwerfen, eine Energiepolitik zu betreiben, die nicht zu ihren Gewinnerwartungen passe. Sie hätten Atomkraftwerke gebaut, und diese Regierungen würden jetzt Solarenergie oder Windkraftanlagen fördern. Wäre das anders, würden sie noch viele Jahrzehnte lang Milliarden mit ihren Kraftwerken verdienen. Und für den Gewinnausfall darf der Steuerzahler des betreffenden Landes aufkommen.

Diese drei Beispiele sind alles andere als reine Fantasie: Im Gegenteil, zwei sind inzwischen bereits Realität geworden, die Klagen von Vattenfall gegen Deutschland und von Philip Morris gegen Uruguay. Und sollten sich Europa und die USA im TTIP tatsächlich auf Investitionsschutz wie in den meisten anderen, bestehenden Freihandelsabkommen einigen, dann ist schon jetzt absehbar, dass es zu einer wahren Flut von solchen Klagen kommen wird.

Ein Gerichtshof neben den Gerichten

Die juristische Ebene der Schiedsgerichte besteht aus einem stark vereinfachten und nicht öffentlichen Verfahren, die Entscheidungen sind nicht anfechtbar. Geheime Schiedsgerichte, undurchsichtige Entscheidungen, keine Revision: Das klingt eher nach Freimaurern als nach Freihandel. Jedenfalls brauchen sich die Erfinder dieses Verfahrens nicht zu wundern, wenn rund um diese Investor-Staats-Klagen die Verschwörungstheorien blühen, wie es immer geschieht, wenn bei einem politischen Ereignis von einiger Brisanz die Transparenz fehlt.

Der genaue Ablauf der Schiedsgerichtsverfahren wird im jeweiligen Freihandelsabkommen festgelegt; eigentlich kann man also noch gar nicht wissen, wie dieser Passus im TTIP gestaltet wird. Es gibt aber ein gängiges Muster, und vermutlich würde man auch im TTIP nicht allzu weit davon abweichen. Dieses Muster sieht so aus: In aller Regel finden die geheimen Verhandlungen in Washington statt, im »International Centre for Settlement of Investment Disputes«, abgekürzt ICSID. Bei diesem »Internationalen Zentrum zur Beilegung von Investitionsstreitigkeiten« handelt es sich um eine Art Gerichtshof, dessen Legitimation im Dunkeln liegt. Untergebracht ist das ICSID in einem Gebäude der Weltbank im Zentrum der US-Hauptstadt.

Das ICSID stellt lediglich den äußeren Rahmen für die Schlichtungsverfahren, es ist aber kein Gericht im eigentlichen Sinne, mit fest angestellten Richtern und Justizpersonal. Die drei Richter, die ein solches Verfahren durchführen, sind juristische Fachleute aus verschiedenen Ländern, die von den beiden Streitparteien nur für das jeweilige Verfahren gemeinsam berufen werden. Diese Richter können dann Zeugen und Sachverständige laden; auch die Anwälte von Klägern – das ist immer ein großer Konzern – und Beklagten – das ist immer ein Staat – sind anwesend. Der umgekehrte Weg ist übrigens nicht möglich: Staaten können hier keine Unternehmen verklagen. Zuschauer sind ausdrücklich nicht vorgesehen, das Gremium tagt geheim und gibt lediglich das Ergebnis bekannt. Das meistens darin besteht, dass das Unternehmen eine Entschädigung bekommt, deren Höhe von dem Schiedsgremium festgelegt wird. Eine Berufung gegen die Entscheidung ist nicht möglich, wer verurteilt wird, muss zahlen.

Das alles klingt höchst undurchsichtig, ist schwer überprüfbar und kaum nachzuvollziehen. Es klingt nach einem Selbstbedienungsladen für Großkonzerne – denn in aller Regel sind die beklagten Staaten diejenigen, die zahlen müssen, wenn es um Entschädigungen geht. Tatsächlich gehen etwa 70 Prozent der Verfahren zugunsten des Investors aus. Bekommt der Investor nicht recht, kostet das niemanden etwas, sieht man einmal von den Anwaltskosten ab, die sich im Schnitt auf etwa acht Millionen Dollar belaufen. Eine astronomische Summe, verglichen mit Verhandlungen vor regulären Gerichten in Wirtschaftssachen. In den USA betragen die Verfahrenskosten in einem Anti-Trust-Verfahren zum Beispiel durchschnittlich nur 194 000 Dollar.

Warum also wollen zwei große demokratische Staatenbünde mit einem recht zuverlässig funktionierenden Rechtssystem eine solche Schiedsgerichtsbarkeit einführen? Warum bremsen sie freiwillig ihre Judikative aus? Warum verzichten sie aus freien Stücken auf die Möglichkeit einer Revision solcher hinter verschlossenen Türen gefällten Urteile?

Tatsächlich mag man es kaum glauben, dass sich demokratisch gewählte Regierungen auf so etwas einlassen. Allein die Bundesrepublik Deutschland hat laut WTO bislang etwa einhundert solcher Investitionsschutzabkommen geschlossen, nur ist das kaum bekannt. In jedem dieser Fälle hat man sich darauf eingelassen, dass Streitigkeiten mit ausländischen Unternehmen vor dem ICSID ausgefochten und dort entschieden werden.

So war das eigentlich nicht gedacht, als man in den Fünfzigerjahren des vorigen Jahrhunderts damit anfing, Investitionsschutzabkommen zu vereinbaren. Ursprünglich sollten sie Unternehmern aus dem jeweils anderen Land eine gewisse Rechtssicherheit garantieren. Die westlichen Industrienationen schlossen solche Verträge vor allem mit unsicheren Drittweltstaaten – weil man sich vor der Willkür korrupter Behörden fürchtete, die aus reinem Eigennutz vielleicht kurzerhand eine Fabrik stilllegten oder verstaatlichten. Mit einem Investitionsschutzabkommen im Rücken konnte ein westlicher Unternehmer in der Dritten Welt zum Beispiel Produktionsstätten aufbauen und von den dortigen Hungerlöhnen und den niedrigen Sozialstandards und laxen Arbeitsschutzvorschriften profitieren, ohne allzu große Willkür befürchten zu müssen. Notfalls klagte er wegen Enteignung beim internationalen Schiedsgericht gegen das Gastgeberland und musste sich nicht auf ein langwieriges Gerichtsverfahren vor Ort mit ungewissem Ausgang einlassen. Und die Staaten der Dritten Welt profitierten ebenfalls, weil sie leichter an Geld aus dem Ausland kamen. Deutschland zum Beispiel schloss sein erstes Investitionsschutzabkommen 1959 mit Pakistan. Seither wurden keine nennenswerten Klagen pakistanischer Unternehmen gegen Deutschland bekannt, auch umgekehrt scheint das Abkommen disziplinierend gewirkt zu haben.

Lange Zeit hatte das ICSID denn auch keine große Bedeutung. Die dort verhandelten Fälle ließen sich Jahr für Jahr an den Fingern

einer Hand abzählen. 1989 etwa musste dort genau eine Klage entschieden werden.

Doch das sollte sich schnell ändern.

Das lukrative Geschäftsmodell Schiedsgericht

Mit dem Eisernen Vorhang zwischen Ost und West fielen 1989 auch
viele Schranken für die ohnehin wachsende Globalisierung. Europäische und amerikanische Großunternehmen wurden vom Gold-
fieber erfasst und steckten ihr Geld nicht nur in den urplötzlich ent-
standenen neuen osteuropäischen Markt, sondern strebten auch nach
Asien, Afrika und Lateinamerika. Da brauchte es natürlich gewisse
Sicherheiten, sprich: Abkommen, die die geplanten Investitionen ab-
sicherten, damit nichts schiefging beim großen Raubzug der Raub-
tierkapitalisten.

Seither hat die Zahl der Fälle, die vor Schiedsgerichte kamen,
stark zugenommen. Bis Ende 2013 sind insgesamt 517 Klagen be-
kanntgeworden, allein vor dem ICSID in Washington waren es bis
Mitte 2013 mehr als 400; etwa die Hälfte der Klagen wurde in den
letzten fünf Jahren eingereicht. Mit der Zahl der Freihandelsabkommen zwischen den Staaten wuchs auch die Zahl der Streitfälle. Oftmals war es für große Unternehmen einfach ein gutes Geschäft, einen
Staat zu verklagen. Hier gab es bei entsprechenden Voraussetzungen
relativ unkompliziert sehr viel Geld zu verdienen. Vor allem auch
für große, weltweit tätige Anwaltskanzleien mit Stundensätzen zwischen 700 und 1000 Dollar. Manche Kanzlei in den Vereinigten
Staaten oder in Großbritannien hat ein regelrechtes Geschäftsmodell daraus gemacht. In den USA ist es möglich und kommt häufig
vor, dass spezialisierte Kanzleien sich ihre Fälle mehr oder weniger
selbst suchen, das heißt, sie machen einen möglichen Kläger aus-
findig, finanzieren eine gerichtliche Auseinandersetzung komplett
vor und übernehmen einen bestimmten Fall, der ihnen, was die

Gewinnaussichten angeht, als besonders lukrativ erscheint. Ist der Fall erfolgreich abgewickelt, kassieren sie einen Großteil der erzielten Summe als Lohn für ihre juristischen Bemühungen – bis zu 80 Prozent. Wenn sie scheitern, gehen sie allerdings leer aus.

Zwei Nichtregierungsorganisationen, das linksalternative Amsterdamer Transnational Institute (TNI) und das Brüsseler Corporate Europe Observatory (CEO), haben in einer 76-seitigen Studie mit dem Titel »Profitieren vom Unrecht« die Schiedsgerichtsverfahren und die darin handelnden Akteure genauer unter die Lupe genommen. Der provokante Titel erweist sich als durchaus gerechtfertigt. Einige wenige Anwaltskanzleien, in den USA recht treffend »law firms«, also »Gesetzes-Firmen« genannt, beherrschen den Markt zusammen mit ebenfalls recht wenigen Schiedsrichtern und ein paar Finanzunternehmen, die die Prozesse vorfinanzieren und an ihrem Ausgang kräftig mitverdienen. In der Zusammenfassung der Studie heißt es: »Die Branche macht Millionenumsätze und wird dominiert von einem kleinen, exklusiven Kreis von Kanzleien und Juristen, deren Verstrickungen und eigene wirtschaftliche Interessen ihre Fähigkeit, gerechte und unabhängige Urteile zu fällen, ernsthaft in Frage stellen.«[62]

Beschäftigt man sich etwas näher mit der »Schiedsgerichtsbranche«, gewinnt man sehr schnell den Eindruck, man befinde sich in einer globalen Spezlwirtschaft aus einigen wenigen internationalen Großjuristen, die sich gegenseitig die Bälle zuspielen. Beim ICSID sind insgesamt 559 Juristen als mögliche Schiedsrichter geführt, aber die Fäden des internationalen Geschäfts mit der Schiedsgerichtsbarkeit ziehen nur ein paar wenige. Manche sprechen bezeichnenderweise von der »inneren Mafia«. Dieser Kreis besteht aus 15 Experten, die als Richter mehr als die Hälfte aller bekannten Investitionsschutzklagen entschieden haben. Diese kleine Gruppe, so heißt es in der Studie, »sitzt gemeinsam in Schiedsgerichten, fungiert nicht nur als Schiedsrichter, sondern vertritt die Streitparteien nebenher auch als Anwalt und ruft sich in Verfahren gegenseitig als

Experten auf«.[63] Oft gehören diese Juristen den drei großen Kanzleien Freshfields (Großbritannien), White & Case oder King & Spalding (beide USA) an. Nach eigenen Angaben haben diese großen Kanzleien im Jahr 2011 nicht weniger als 130 Investitionsstreitigkeiten bearbeitet.

Verhandlungen vor einem Schiedsgericht in Sachen Investorenschutz sind naturgemäß besonders ergiebig. Die infrage kommenden Summen sind meist erheblich, die Verfahrensdauer ist wesentlich kürzer als vor herkömmlichen Gerichten. Und längst sind die Anwälte darauf gekommen, dass nicht nur Enteignungen schädlich sind für ausländische Unternehmen, sondern auch ganz normale Gesetze oder die Änderung der Wirtschaftspolitik eines Landes. Bereits 1995 erschien im *Foreign Investment Law Journal,* einer vom ICSID herausgegebenen Fachzeitschrift, ein Artikel, in dem es recht poetisch heißt: »Entdecker sind aufgebrochen, unbekanntes Land für die internationale Schiedsgerichtsbarkeit zu erschließen.«[64] Es gehe darum, den Begriff der Enteignung weit auszulegen – schließlich entstünde ein vergleichbarer Schaden ja durch allerlei staatliche Eingriffe. Verfasser des Artikels war ein britischer Anwalt der weltweit tätigen Kanzlei Freshfields.

Seither sind zahlreiche Entdecker aufgebrochen und wieder heimgekehrt, und das mit wahrhaft reicher Beute. »Da gibt es Leute«, zitierte die Wochenzeitung *Die Zeit* im Februar den Schweizer Schiedsgerichtsanwalt Nicolas Ulmer, »die machen viel Geld damit, dass sie Länder verklagen, die die Umwelt oder ihre Bürger schützen wollen.«[65] Neue Steuern könnten Investitionen sinnlos machen, sagen diese Leute. Neue Umweltgesetze könnten den Verkauf von bestimmten Produkten verbieten. In einer Broschüre der Deutschen Gesellschaft für Außenwirtschaft und Standortmarketing mit dem schönen Titel »Hilfe, ich werde enteignet!« heißt es, Staaten könnten »durch Absenkung staatlich regulierter Tarife, zum Beispiel im Strom-, Gas- oder Telekommunikationssektor oder bei Mautstraßen, die auf einen konstanten Cash Flow ausgerichtete Finanzierung eines Projekts zerstören«.[66] Ja, selbst der Schuldenschnitt für Länder, die besonders hart von der Euro-Krise betroffen sind, lässt sich noch ausschlachten, wenn man zufällig eine Bank oder eine Versicherung ist, die zum Beispiel griechische Staatsanleihen besitzt. Wenn die nämlich auf einen Teil ihrer Forderungen verzichten muss, hat sie schließlich einen Schaden, für den dann wiederum eine Regierung aufkommen könnte.

Die Möglichkeiten sind recht vielfältig für kreative Denker in den Anwaltskanzleien dieser Welt, und sie werden auch gerne ausgeschöpft. Zumal es meist um gewaltige Summen geht und die Honorare für die Juristen entsprechend hoch ausfallen. Zudem ist der Aufwand überschaubar, verglichen mit einem ordentlichen Gerichtsverfahren. Es gibt keinen langen Rechtsweg, da keine Revision möglich ist, und man muss sich auch nicht auf allzu viele unterschiedliche Personen einstellen, wie in anderen Gerichtsverfahren.

Kein Wunder also, dass die Zahl der Schiedsgerichtsverfahren zugenommen hat. Übrigens sind es nicht amerikanische Unternehmen, die am häufigsten das ICSID bemühen. Von den bekannten 517 Verfahren seit 1966 gehen nur 24 Prozent auf Investoren aus den USA zurück. 26 Prozent gehen auf das Konto der EU, führend sind hier vor allem die Niederländer mit 50 von 132 Klagen, gefolgt von Großbritannien mit 30 und Deutschland mit 27 Klagen. Seit 2008 sind Unternehmen aus Europa allerdings besonders aktiv, in den vergangenen fünf Jahren haben sie mehr als die Hälfte der strittigen Fälle geliefert. Häufig ging es dabei um Verstöße gegen den 1994 verabschiedeten Energiecharta-Vertrag, also jenen multinationalen Vertrag, der den Handel mit Energie zwischen den ehemaligen Ostblockstaaten und dem Westen regelt.

Auf ihn berief sich Vattenfall, das aktuell von Deutschland wegen des Atomausstiegs 3,7 Milliarden Euro fordert, schon einmal bei einer Klage gegen den Stadtstaat Hamburg. Dessen Umweltsenatorin Anja Hajduk von der Grün-Alternativen Liste hatte nämlich im September 2008 die endgültige Genehmigung zum Bau und Betrieb des

Kohlekraftwerks Moorberg nur unter strengen Auflagen erteilt. So wurde unter anderem die Menge des Kühlwassers, das der Elbe entnommen werden sollte, stark beschränkt, was die Leistung des Kraftwerks gedrosselt hätte. Vattenfall klagte im April 2009 wegen der verschärften Umweltauflagen vor dem ICSID auf Schadensersatz in Höhe von 1,4 Milliarden Euro. Das Verfahren endete mit einer »einvernehmlichen Einigung«, über die Stillschweigen vereinbart wurde. Aber angeblich hätten sich beide Parteien die Kosten des Verfahrens geteilt.

Auch unter Staaten: Immer auf die Kleinen!

So glimpflich kommt man wohl nur davon, wenn man ein hochentwickeltes Industrieland ist. Die USA als besonders wirtschaftsfreundlicher Staat haben zum Beispiel noch nie ein Investitions-Schiedsverfahren verloren. Es gibt andere Beispiele. So strengte die US-Ölfirma Chevron, neben Exxon einer der eifrigsten Kläger überhaupt, 2009 ein Schiedsgerichtsverfahren gegen Ecuador an, weil der lateinamerikanische Staat nach diversen Gerichtsurteilen 18 Milliarden Dollar von Chevron für die Kontamination des Regenwaldes im Amazonas durch die Ölförderung des Konzerns haben wollte – gewissermaßen eine Klage auf Schadensersatz nach verlorenen Schadensersatzprozessen. Das Verfahren war auch fünf Jahre später noch nicht entschieden. Ein anderer Fall: Die amerikanische Kosmetikfirma Estée Lauder klagte gegen den tschechischen Staat. Beim ersten Versuch nach dem tschechisch-amerikanischen Handelsabkommen ging der Unternehmer Ronald Lauder zwar leer aus, dann aber versuchten es die Amerikaner noch einmal über eine Tochterfirma in den Niederlanden und gemäß dem niederländisch-tschechischen Handelsabkommen. Absurd, aber wahr: Diesmal bekam Lauder einen Schadensersatz in Höhe von 270 Millionen US-Dollar zugesprochen, eine Summe, die dem gesamten Jahresetat des Landes für Gesundheit entspricht!

Besonders gern gehen Investoren und ihre Anwälte gegen wirtschaftlich nicht so hoch entwickelte Staaten vor. Die Frankfurter Flughafengesellschaft Fraport etwa verklagte im Jahr 2011 die philippinische Regierung auf Schadensersatz in Höhe von 314 Millionen Euro. Das Unternehmen hatte in den Bau eines dritten Terminals für den internationalen Flughafen von Manila investiert, der dann nach einem Regierungswechsel enteignet worden war. Fraport war mit seiner Klage vor der Internationalen Handelskammer in Singapur gescheitert und versuchte es nun beim ICSID in Washington. Die philippinische Regierung hat bislang 58 Millionen US-Dollar für die Verteidigung aufgewendet. »Mit dieser Summe«, so Pia Eberhardt von CEO, »hätten die Jahresgehälter von 12 500 Lehrerinnen bezahlt oder 3,8 Millionen Kinder gegen Krankheiten wie Tuberkulose, Diphtherie, Wundstarrkrampf und Kinderlähmung geimpft werden können.«[67]

Derlei Rechnungen machen die Spitzenjuristen aus Washington, London, Frankfurt oder Berlin nicht auf. Im Gegenteil. Gerade gefährdete Staaten in der Krise bieten ein reiches Betätigungsfeld. So eröffnete eine amerikanische Anwaltskanzlei inmitten des dortigen Umsturzes ein Büro in Libyen, um abzuklären, ob ausländische Unternehmen geschädigt wurden und wie sie den libyschen Staat verklagen könnten. Die drei US-amerikanischen Hersteller Corn Products International, ADM/Tate & Lyle und Cargill verklagten den Staat Mexiko in gleich drei Verfahren, weil das Land deren Maissirup wegen hohen Fruchtzuckergehalts nicht zulassen wollte. Alle drei Firmen bekamen recht, Mexikos Steuerzahler durften 169 Millionen US-Dollar Entschädigung zahlen. Und die große Wirtschaftskrise in Argentinien, Staatsbankrott inklusive, kam das lateinamerikanische Land in der Folge noch teurer zu stehen als ohnehin schon, weil zahlreiche ausländische Unternehmen entgangene Gewinne einklagen wollten: Nicht weniger als 49 Verfahren haben internationale Konzerne seit 2001 gegen Argentinien angestrengt. Allein bis Ende 2008 hatten sich so Schadensersatzsummen von mehr als

1,15 Milliarden US-Dollar für das lateinamerikanische Land angehäuft. Kein Wunder, dass Argentinien sich inzwischen weigert, solche Schiedsgerichtsurteile anzuerkennen und die verhängten Summen zu zahlen. Jüngster Höhepunkt der Auseinandersetzungen war im Sommer 2014 der neuerliche Staatsbankrott Argentiniens, weil zwei Hedgefonds sich nicht mit verminderten Entschädigungszahlungen begnügen wollten und die volle Summe von 1,5 Milliarden US-Dollar verlangten – für Altanleihen, die sie einst für zweistellige Millionenbeträge erworben hatten.

Ein Instrument der Einschüchterung

Schiedsgerichtsverfahren dienen längst nicht mehr nur dazu, die Interessen ausländischer Unternehmen gegen willkürliche Gerichtsentscheidungen in Entwicklungsländern zu schützen. Inzwischen sind sie zu einem Instrument der Ausplünderung von Staatskassen geworden. Zu einem bequemen Weg, sich das Steuergeld fremder Staaten einzuverleiben. Die Nutznießer sind in erster Linie ein paar Fachanwälte und Spekulanten, die es verstanden haben, aus dieser sehr speziellen Art der Rechtsprechung ein Geschäft zu machen.

Es ist aber auch ein Weg, um lästige Auflagen oder Verbote auszuhebeln oder schon im Vorfeld zu verhindern. So hat die kanadische Provinz Quebec aus Umweltschutzgründen ein Moratorium für Fracking erlassen. Dagegen läuft nun eine Schadensersatzklage über 250 Millionen US-Dollar. Die Klage kommt aparterweise von dem kanadischen Bergbauunternehmen Lone Pine, das eigentlich gar nicht klagen dürfte, weil es kein ausländisches Unternehmen ist. Es hat die Klage aber über ein amerikanisches Tochterunternehmen eingereicht.

Investitionsschutzklauseln sind gewissermaßen ein diszipliniererendes Moment, das Staaten von einer allzu rigiden Umweltgesetzgebung abschreckt. Wenn auch nur die Möglichkeit im Raum steht, vor ein Schiedsgericht gezerrt zu werden und Hunderte Millionen von Dollar zu verlieren, wird eine Regierung es sich zweimal überlegen, ob sie dieses Risiko eingehen möchte. Ein kanadischer Regierungsbeamter hat fünf Jahre nach dem Inkrafttreten von NAFTA, dem Freihandelsabkommen zwischen Mexiko, den USA und Kanada, beschrieben, wie so etwas funktioniert: »Bei beinahe jeder neuen umweltpolitischen Maßnahme gab es von Kanzleien aus New York und Washington Briefe an die kanadische Regierung. Da ging es um chemische Reinigung, Medikamente, Pestizide, Patentrecht. Nahezu jede neue Initiative wurde ins Visier genommen, und die meisten haben nie das Licht der Welt erblickt.«[68]

Gleichzeitig wächst aber auch der Widerstand gegen die Investoren-Klagerechte. Lateinamerikanische Staaten wie Argentinien, Venezuela, Ecuador und Bolivien haben sich inzwischen aus den Schiedsgerichten zurückgezogen und bilaterale Handelsabkommen gekündigt. Südafrika hat bereits erklärt, keine Handelsabkommen mehr abzuschließen, die Schiedsgerichtsklauseln enthalten, und die alten Abkommen nicht mehr zu verlängern. Im Europaparlament haben sich die Fraktionen der Sozialisten und der Grünen gegen entsprechende Klauseln ausgesprochen, der deutsche Wirtschaftsminister Gabriel hält sie zumindest im TTIP für überflüssig, und die italienische Regierung kann sich mittlerweile vorstellen, auf Investitionsschutzregeln ganz zu verzichten. Die neue EU-Handelskommissarin Malmström findet, man solle die Investitionsschutzregeln zumindest stark überarbeiten, und sie müssten transparenter werden. Möglicherweise wird es eng für die Schiedsgerichtsbarkeit in den neuen Freihandelsabkommen.

Von Vorsicht und Nachsicht

Beispiel Verbraucherschutz: Wenn hohe Standards
zum Handelshemmnis werden, senkt man sie eben

Am Anfang stand das »Chlorhuhn«. Irgendwann im Sommer 2013 tauchte es auf und wurde zum Symbol für TTIP. Plötzlich begannen sich die Leute für das zu interessieren, was da auf sie zukam: Hatten die Amerikaner wirklich vor, den Europäern in Chlor gebadete Hähnchen zu servieren?

Natürlich würden die USA gern landwirtschaftliche Produkte nach Europa liefern, hier ist noch viel Potenzial. Doch wenn es um Differenzen im Handel zwischen den beiden großen Blöcken und Partnern Europa und USA geht, dann dreht der Streit sich häufig um Lebensmittel und Landwirtschaft. Eine Studie der Bertelsmann-Stiftung und des Pew Research Center hat ergeben, dass 94 Prozent der Deutschen europäischen Lebensmittelstandards vertrauen, aber nur zwei Prozent den amerikanischen.[69] Die EU erlaubt keine Einfuhr von gentechnisch veränderten Nahrungsmitteln, sie will kein Fleisch, das mithilfe von Wachstumshormonen erzeugt worden ist, sie duldet auch keine gentechnisch veränderten Pflanzen auf europäischen Äckern und so weiter. Aus der Sicht der Vereinigten Staaten sind die Europäer in dieser Hinsicht ein mehr als lästiger Geschäftspartner, in allen Belangen viel zu kleinlich, vielleicht auch zu ängstlich. Schließlich ernähren sich 314 Millionen Amerikaner von den gleichen Lebensmitteln und den gleichen Ausgangsprodukten, die den Europäern verkauft werden sollen. Und sie leben noch!

Diese Argumentation ist zwar nicht ganz falsch, aber sie ist noch lange kein Grund, sich in Sachen Ernährung Amerika zum Vorbild zu nehmen. Denn sie greift schlichtweg zu kurz: Es geht keineswegs darum, US-Hersteller mit fadenscheinigen Begründungen vom Markt fernzuhalten, wie man es auf der anderen Seite des Atlantiks gerne vermittelt. Tatsächlich geht es um unterschiedliche Ansichten über die Sicherheit von Lebensmitteln und die Ausrichtung der Agrarpolitik – wobei letzterer Punkt wahrscheinlich der unstrittigste ist, jedenfalls was die Interessen der politischen Entscheidungsträger angeht.

In Bezug auf Lebensmittelsicherheit und Verbraucherschutz gilt in den USA das Prinzip: Ein Produkt darf dann verboten werden, wenn seine Schädlichkeit nachgewiesen ist. Ist der Schaden bereits eingetreten, dann sind sogar horrende Schadensersatzforderungen möglich. So können schon mal 20 Millionen US-Dollar fällig werden, weil sich in einem Schokoriegel ein Reißnagel fand. Die Amerikaner sagen: Das macht die Hersteller vorsichtig. Und obendrein gelten in vielen Bereichen ja auch strengere Regeln als in Europa. Rindfleisch unterliegt seit der BSE-Krise strengen Kontrollen, und was die mikrobiologische Belastung von Lebensmitteln angeht, sind die Amerikaner wesentlich rigider als die Europäer.

Bei uns hingegen gilt das Vorsorgeprinzip. Um im Bild zu bleiben: Der Schokoriegel-Hersteller muss nachweisen, dass sein Produkt keine Reißnägel enthält, sonst darf er es nicht verkaufen. Diese Vorgabe ist strenger als ihr Gegenstück in den USA, wo erst ein Schaden auftreten muss, bevor ein Produkt vom Markt genommen wird. Trotzdem sind die europäischen Bestimmungen noch lange nicht ideal, das zeigen vor allem die immer wieder auftretenden Lebensmittelskandale, die ausufernde Massentierhaltung und die überbordende Verwendung von Antibiotika in der Tierhaltung.

Welches Prinzip mehr dem Hersteller und welches eher dem Verbraucher nützt, liegt dennoch auf der Hand. Welches weniger »liberal« ist, dürfte auch klar sein. Und man kann sich unschwer vorstellen, welche künftige Regelung sich die Wirtschaft wünscht.

Es geht ums große Ganze, nicht um Nebensächlichkeiten. Die EU-Kommission und die USA wollen festschreiben, nach welchen Spielregeln künftig der Handel zwischen den beiden Wirtschaftsräumen abzulaufen hat. Da ist es nicht so entscheidend, ob ein solcher Vertrag auch festschreibt, wie die beiden Partner mit einer bestimmten Maissorte umzugehen haben. So etwas lässt sich schließlich über die Grundregeln des Spiels bestimmen. Insofern konnte EU-Handelskommissar Karel De Gucht zum Beispiel leicht sagen: »Die Diskussion über genveränderte Lebensmittel oder Hormonfleisch ist eine rein europäische, darüber reden wir in den Verhandlungen nicht.«[70] Auch sein Chefunterhändler Ignacio Garcia Bercero betonte: »Der Verbraucherschutz ist keine Verhandlungsmasse. Wir werden weder dort noch im Datenschutz oder dem Umweltrecht Kompromisse eingehen.«[71]

In der Praxis wird TTIP später einmal sehr wohl bestimmen, wie mit gentechnisch veränderten Nahrungsmitteln, Hormonfleisch und Chlorhühnchen verfahren wird – und wie Lebensmittel überhaupt produziert werden. Denn das bestimmt der Markt. Reinhild Benning, Agrarexpertin beim Bund für Umwelt und Naturschutz Deutschland, bringt es auf den Punkt: »Die Standards in der Lebensmittelerzeugung in Europa sind schon heute nicht gut. Sie werden aber erheblich schlechter, wenn zum Beispiel bei uns gentechnisch veränderte Lebensmittel in den Handel gelangen, ohne dass sie entsprechend gekennzeichnet sind.«[72]

Landwirtschaft mit der chemischen Keule

Weil es in den USA kein Vorsorgeprinzip gibt, sondern immer nachgewiesen werden muss, dass ein eingesetztes Mittel schädlich ist, geht man dort auch wesentlich unbekümmerter mit der chemischen Keule um, sei es beim Pflanzenanbau, sei es bei der Viehzucht. Das Fleisch geklonter Tiere darf in den Vereinigten Staaten als Lebensmittel verkauft werden, in der EU ist das nicht erlaubt. Antibiotika werden auf der anderen Seite des Atlantiks in der Tiermast sehr großzügig eingesetzt, weil die Tiere dadurch schnell an Gewicht zulegen, und auch mit Hormonen arbeiten die Großbauern gerne. Ein Fünftel aller Milchkühe und gar vier Fünftel aller Mastrinder in den USA bekommen regelmäßig leistungssteigernde Hormone verabreicht, meist gentechnisch verändertes, bovines Somatotropin, das ihnen über eine Kapsel im Ohr zugeführt wird, oder Östradiol, das selbst von US-Veterinären als potenziell krebsfördernd eingestuft wird. Bei den Milchkühen lässt sich die Milchleistung damit um rund 15 Prozent steigern. Häufig wird Rindern und Schweinen das Hormon Ractopamin verabreicht, das mittlerweile in gut 30 Ländern verboten ist und in den meisten anderen Ländern nur eingeschränkt verwendet werden darf, weil es im Verdacht steht, Krebs auszulösen oder das menschliche Erbgut zu schädigen.

Auch in den USA stehen vor allem Verbraucherschutzorganisationen der Verwendung von Hormonen in der Tierzucht sehr skeptisch gegenüber, und »hormonfreie Milch« wird von aufgeklärten Konsumenten inzwischen stark nachgefragt. Weil aber keine Kennzeichnungspflicht besteht, sind sich viele Verbraucher nicht im Klaren darüber, wie ihre Milch produziert worden ist.

Mit Biochemie und Chlor für sauberes Fleisch?

Nach der Schlachtung unterzieht man das Fleisch in den Vereinigten Staaten einer Prozedur, die eigentlich der Lebensmittelsicherheit dienen soll. Sie liefert den europäischen TTIP-Gegnern das bekannteste Ekel-Beispiel, eben das berühmte »Chlorhuhn«. In den USA ist es nämlich ganz normal, das für Keime aller Art besonders anfällige weiße Hühnerfleisch nach dem Schlachten in ein Chlor-Bad zu tauchen, um diese Keime rasch abzutöten. Verwendet werden dazu meist Chlordioxid, gesäuertes Natriumchlorit, Trinatriumphosphat und Peroxysäuren. In Europa ist das seit 1997 verboten, vor allem weil diese Chemikalien auch das Grundwasser belasten und Arbeiter, die damit beschäftigt sind, gesundheitlich schädigen können. Zuvor hatte die europäische Lebensmittelbehörde den Verzehr des damit behandelten Fleischs allerdings als unbedenklich eingestuft. Was nichts an der allgemeinen Ablehnung ändert: Wohl wegen der öffentlichen Erregung hat man aber beim europäisch-kanadischen CETA-Abkommen überraschend die Einfuhr von Geflügel ganz ausgespart.

Möglicherweise wird das Verbot aber nicht mehr sehr lange bestehen. Der damalige britische Handelskommissar Peter Mandelson und der deutsche Industrie-Kommissar Günter Verheugen forderten schon 2008, es aufzuheben. Normalerweise genüge es, Geflügelfleisch vor dem Verpacken oder Einfrieren mit Eiswasser abzuspülen. In den Vereinigten Staaten seien die Hygienevorschriften bei Haltung, Mast und Schlachtung aber nicht so streng wie in der Europäischen Gemeinschaft, deshalb sei es durchaus sinnvoll, die Keime in der oben beschriebenen Weise abzutöten – noch dazu, weil diese Methode für den Menschen offenbar nicht gesundheitsschädlich ist. Jedenfalls seien bei der verwendeten geringen Konzentration keine Schäden nachweisbar.

Auch mit Rindfleisch geht man in den USA ganz anders um als in Europa. In den Vereinigten Staaten ist es zum Beispiel gängige Praxis, frisch geschlachtete Rinderhälften mit Milchsäure zu besprühen. Die sogenannten Lactobacillaceae verringern das Salmonellenrisiko und lassen obendrein das Fleisch schneller reifen. Die Europäische Union hat dieses Verfahren mittlerweile erlaubt, nachdem die europäische Lebensmittelbehörde EFSA die Milchsäurebehandlung für unbedenklich erklärt hatte – ein erster Schritt im Vorgriff auf TTIP. Dabei ist die Milchsäure-Methode eigentlich nicht notwendig: Mit normalem Trinkwasser lässt sich das Salmonellenrisiko genauso niedrig halten. Aber die schnellere Reifung trägt in der hochindustrialisierten Landwirtschaft natürlich zur Rationalisierung bei und lässt die herkömmliche bäuerliche Landwirtschaft, was ihre Konkurrenzfähigkeit angeht, noch mehr ins Hintertreffen geraten.

Amerikas Lobbyisten haben jedenfalls schon deutlich gemacht, was sie wollen: Ohne eine Aufhebung oder zumindest eine deutliche

Lockerung der EU-Regelungen ist das transatlantische Freihandelsabkommen ihrer Ansicht nach wertlos. Der Mutterkonzern der Restaurantkette Kentucky Fried Chicken, Yum! Brands, forderte die Erlaubnis zur Einfuhr von Chlorhähnchen, der Verband der amerikanischen Schweinefleischproduzenten NPPC sagt, er werde »ein Ergebnis nur akzeptieren, wenn es das EU-Verbot für den Einsatz von Ractopamin im Produktionsprozess beseitigt«.[73]

Die Wortwahl verrät schon, dass die Industrialisierung des Agrarsektors in den USA etwas weiter fortgeschritten ist als in der EU, und dem hat sich auch die Denkweise angepasst. Es handelt sich zwar nur um einen graduellen Unterschied, denn auch in Europa herrschen die großen Einheiten, Massentierhaltung und Monokultur auf den Äckern vor, aber die Gigantomanie ist noch nicht ganz so ausgeprägt wie in den USA, nicht nur mangels Fläche. Das Denken dahinter aber ist dasselbe. Oder um es mit dem angemessenen Sarkasmus auszudrücken: Tiere sind für die industrialisierte Landwirtschaft effiziente Milch- und Fleischproduktionsanlagen, die eben zufällig auch noch leben, was sie bisweilen etwas unzuverlässig in der Bedienung macht. Dem ist mit Chemie und Biochemie aber beizukommen.

Wohin gehen Umwelt-, Klima- und Verbraucherschutz?

Der Umgang mit dem Lebensmittel Fleisch ist nur eines von vielen Beispielen, wenn es um Verbraucher- und Umweltschutz geht. Aber die Grundproblematik dürfte klar geworden sein. Während sich Europas Chemikalienverordnung REACH (»Registration, Evaluation, Authorisation and Restriction of Chemicals«) am Vorsorgeprinzip bei der Genehmigung der rund 80 000 kommerziell verwendeten Chemieprodukte orientiert, kann der amerikanische Toxic Substances Control Act (TSCA) den Gebrauch eines chemischen Mittels nur einschränken, wenn Risiken nachgewiesen sind. Nicht zuletzt deshalb wurden seit Inkrafttreten des TSCA im Jahr 1979 auch nur ganze fünf Chemikalien und Chemikaliengruppen verboten. Will man die Standards auf beiden Seiten des Atlantiks nun angleichen, so ist mit einer Aufweichung der europäischen Regelungen zu rechnen.

Was die EU-Kommission vehement bestreitet, wenn sie betont, es gehe um gegenseitige Anerkennung, nicht um Angleichung. Dennoch ist die Skepsis groß. Übrigens auch im deutschen Umweltministerium. Die *Süddeutsche Zeitung* berichtete Ende Februar 2014 über ein internes Papier des Ministeriums, das erhebliche Bedenken der Behörde auflistet.[74] Das Freihandelsabkommen könne »für den Umweltschutz äußerst problematisch« sein, heißt es in dem Papier, und weiter: »Die USA könnte auf EU-Gesetzgebung massiven Einfluss ausüben und Handelsinteressen seiner Unternehmen durchsetzen.« Durch die Hintertür würden so europäische Standards aufgeweicht.

Dies gilt nicht nur für die Zulassung diverser Chemikalien, Pflanzenschutzmittel, Nahrungszusätze und die Behandlung von Tieren mit Wachstumshormonen, sondern wohl auch für den internationalen Klimaschutz. Durch den Abbau von Handelsschranken könnten große Unternehmen dazu verleitet werden, Fabriken von Europa nach Amerika zu verlagern, weil sie sich dadurch die Kosten für die hierzulande verlangten Kohlendioxid-Zertifikate sparen könnten. Die ärgern auch den Verband »Airlines of America«, für den der Emissionshandel ein unnötiges »Fortschrittshindernis« ist, das im Zuge der TTIP-Verhandlungen schleunigst abgeschafft werden sollte. Außerdem laufen die Verbände der amerikanischen Ölindustrie Sturm gegen EU-Bestimmungen, die vorschreiben, die Emissionsintensität von Treibstoffen bis zum Jahr 2020 um sechs Prozent zu verringern. Diese Reduzierung ist mit US-Kraftstoff, dem Öl aus Teersand beigemischt ist, bei Weitem nicht zu erreichen. Laut EU-Kommission fallen bei dieser extrem umweltschädlichen Methode der Kraftstoffgewinnung etwa 20 Prozent mehr Emissionen an. Eine interne Mail aus TTIP-Verhandlungskreisen, die öffentlich wurde,[75] macht deutlich, dass die Amerikaner hier massiven Druck ausüben. Der US-Handelsbeauftragte Michael Froman hat bereits angekündigt, die Interessen der Ölindustrie, die in den vergangenen zehn Jahren gut 112 Milliarden Euro in die Öl-Teersand-Gewinnung gesteckt hat, in den Gesprächen zu berücksichtigen.[76]

Auch sonst steht allerhand zur Disposition, was den Verbraucherschutz angeht. So wollen die Amerikaner die EU-Kennzeichnungspflicht für Nanotechnik in Kosmetika und Lebensmitteln aufbrechen, die ebenfalls dem Vorsorgeprinzip folgt, weil die nanotechnologisch veränderten Substanzen möglicherweise krebserregend wirken und bei manchen giftigen Stoffen vermutet wird, dass die veränderte Nanostruktur auch ihre Toxizität erhöht.

Auch bestimmte chemische Substanzen werden in der EU aufgrund des Vorsorgeprinzips anders behandelt als in den USA. Beispiel Bisphenol A, eine der wichtigsten Basischemikalien überhaupt: In Amerika und vielen anderen Ländern dient sie als Weichmacher, sogar in Sauggummis für die Trinkflaschen von Säuglingen. Bisphenol A ist mit rund vier Millionen Tonnen pro Jahr eine der meistproduzierten Chemikalien weltweit und in zahlreichen Kunststoffprodukten enthalten, weil es ein wichtiger Ausgangsstoff ist. Es steht aber unter dem Verdacht, Krebs zu erregen und die Zeugungsfähigkeit bei Menschen und Tieren zu beeinträchtigen, weil es die Wirkung der Hormone im Körper verändern kann. »Unter dem Verdacht«: In Europa reicht das, um die Verwendung zumindest einzuschränken, in den USA noch lange nicht.

Es geht um viele Milliarden Euro

All dies sind Beispiele für den unterschiedlichen Umgang mit dem Gefährdungspotenzial, das in der Herstellung von Lebensmitteln und anderen Produkten des täglichen Bedarfs steckt. Die EU und die USA gingen da bisher unterschiedliche Wege. Was in der Sprache der Liberalisierer aber nichts anderes heißt, als dass beide Seiten Handelshemmnisse technischer Art aufgebaut haben. Und die, das ist klar, sollen im Zuge eines Freihandelsabkommens nach Möglichkeit schleunigst wieder abgebaut, die Standards also angepasst werden.

Der Handel mit Lebensmitteln und Agrarerzeugnissen zwischen den beiden großen Wirtschaftszonen Europa und USA ist nicht übermäßig bedeutend. Was allerdings auch heißt: Er ist ausbaufähig. Die EU exportiert im Jahr landwirtschaftliche Güter im Wert von 13,2 Milliarden Euro in die Vereinigten Staaten, das sind etwa 14 Prozent der gesamten Agrarexporte, die sich auf insgesamt 97,4 Milliarden Euro belaufen.[77] Geliefert werden vor allem weiterverarbeitete Produkte, zum Beispiel Käse und Schokolade sowie sogenannte »Dauerbackwaren«, also Kekse, Waffeln, Salzstangen, Zwieback und anderes Gebäck. Umgekehrt kommen aus den USA in erster Linie Rohstoffe wie Sojabohnen, Fisch oder auch Getreide und Nüsse. Die Zölle spielen dabei keine allzu große Rolle, sie betragen meist weniger als fünf Prozent, was im Weltvergleich sehr niedrig ist.

Die Vorteile eines Freihandelsabkommens können aus Sicht von Wirtschaftspolitikern also kaum in niedrigeren Zöllen liegen. Eher geht es um die »nichttarifären Handelshemmnisse«, und damit sind einmal mehr Qualitäts- und Umweltstandards gemeint, die bei den beiden Partnern sehr unterschiedlich sind.

Die Konsequenzen liegen auf der Hand, jedenfalls aus Sicht derer, die von Freihandelsabkommen profitieren wollen. Für den normalen Konsumenten sieht die Sache hingegen ganz anders aus. Dessen Interessen liegen woanders, und es steht zu befürchten, dass er nicht vom freien Handel profitiert. Ob aber Europa unbedingt von den USA lernen muss, was Ernährung und Verbraucherschutz angeht, bezweifeln sogar die hartnäckigsten Wirtschaftsliberalen – zumindest, wenn es um ihre eigene Ernährung geht.

Genfood durch die Hintertür

Beispiel Biotechnik und Patente: Wie die internationalen Marktführer in Europa doch noch zum Zug kommen wollen

Die großen Agrarkonzerne, und beileibe nicht nur die amerikanischen, haben ein Problem mit Europa. Denn dieser gewaltige Markt weigert sich nach wie vor beharrlich, die sogenannte »Grüne Gentechnik« zu akzeptieren. Nicht genug damit, dass die Verbraucher in der Alten Welt in ihrer übergroßen Mehrheit genveränderte Lebensmittel mitsamt den ganzen Segnungen, die sie verheißen, ablehnen, gibt es in der gesamten Europäischen Union auch noch vergleichsweise strenge gesetzliche Regelungen.

Seit es gentechnisch veränderte Pflanzen gibt, rennt die Industrie, die damit ihr Geld verdient, gegen diese Bestimmungen in Europa an. Aber bislang konnte sie lediglich kleine, marginale Erfolge verbuchen. Der große Durchbruch scheint in weiter Ferne zu liegen.

Nun aber wittern die Gentechniker ihre Chance. Denn mit dem Freihandelsabkommen und der damit verbundenen Angleichung der Standards bietet sich die Gelegenheit, die Festung Europa endlich zu schleifen, und sei es über den Umweg einer Schiedsgerichtsklage. Zwar behaupten die europäischen Verhandlungsführer, an eine Aufweichung der geltenden Gesetze sei keineswegs gedacht – eine Garantie dafür kann jedoch niemand geben. Die Frage ist, was unter welchem Begriff eigentlich verhandelt wird. Unter »Handelshemmnissen« kann man sich schließlich alles Mögliche vorstellen, und solange nicht klar ist, ob dazu auch Auflagen gehören, welche die Einfuhr von gentechnisch veränderten Pflanzen und Lebensmitteln betreffen, muss man vom Schlimmsten ausgehen. Und die internationalen Agrarkonzerne haben natürlich ein großes Interesse daran, ihre Grüne Gentechnik auch auf dem riesigen Markt der Europäischen Union anzubieten.

Bislang gilt innerhalb der EU noch die Nulltoleranz-Regel, sprich: Gentechnisch veränderte Lebensmittel haben auf dem Kontinent nichts zu suchen. Für Futterpflanzen gilt eine weitreichende Kennzeichnungspflicht, und gentechnisch verunreinigtes Saatgut darf in Europa mit einigen Ausnahmen nicht eingeführt werden. Die USA laufen dagegen schon länger Sturm, bislang noch erfolglos.

Wie weit die gesetzlichen Bestimmungen innerhalb der Länder Europas aufgeweicht werden könnten, kann man sich schon jetzt ausmalen. Denn es ist ja keineswegs so, dass momentan noch alles in bester Ordnung wäre. Bereits heute sind innerhalb der EU einige Dutzend gentechnisch veränderter Mais-, Raps- und Sojasorten als Futtermittel zugelassen.

Ohnehin wankt die Front der Gentech-Gegner in Europa. Nicht, weil sie vom Nutzen und Segen der veränderten Pflanzen überzeugt worden wären, sondern weil das bisweilen komplizierte Abstimmungs- und Regelungsverfahren innerhalb der Gemeinschaft kuriose Blüten treibt. So wurde der Genmais 1507 der US-Firma Hi-Bred Pioneer, einer Tochter des Chemie-Multis DuPont, im Frühjahr 2014 nur deshalb zur Zulassung freigegeben, weil einige Länder, darunter Deutschland, sich bei der entscheidenden Abstimmung im Ministerrat enthielten. Die deutsche Bundesregierung hat zwar bisher das Nulltoleranz-Prinzip vertreten, weil die überwiegende Mehrheit des Wahlvolks das so will, doch innerhalb der Koalition sei man sich nicht einig gewesen, hieß es, und viele CDU-Parlamentarier seien durchaus für die Zulassung von Genmais. Als Konsequenz daraus habe man sich daher der Stimme enthalten.

All das sind kleine Scharmützel in einer langwierigen Auseinandersetzung, die sich mittlerweile schon über zwei Jahrzehnte erstreckt.

Das Kartell der Gentechnik-Konzerne

Der Markt ist gewaltig, das Geschäftsmodell einzigartig. Denn mit gentechnisch verändertem Saatgut und den daraus wachsenden Pflanzen haben die Hersteller den Schlüssel zu einer vollständigen, langen Verwertungskette in der Hand. Wer das Patent auf das Saatkorn besitzt und es einigermaßen marktbeherrschend vertreibt, ist gar nicht mehr zu stoppen und auch von konjunkturellen Schwankungen weitgehend unabhängig. In weiten Teilen der Welt haben die großen Agrarkonzerne diese komfortable Position bereits erreicht. Und sie fragen sich, warum das in Europa nicht auch möglich sein sollte.

Dem steht jedoch noch der Wille der Verbraucher in der Alten Welt entgegen. Die sind äußerst skeptisch, was Nahrungsmittel angeht, und weil konstant 80 bis 90 Prozent aller Europäer biotechnologisch veränderte Lebensmittel ablehnen, traut die Politik sich nicht, den Verlockungen der Lobbyisten nachzugeben.

Drei Konzerne teilen sich heute die Hälfte des Weltmarkts für genverändertes Saatgut. An der Spitze steht der Agrarkonzern Monsanto, der mit beinahe skrupelloser Konsequenz sein Konzept durchzieht, Marktanteile erobert und vor kaum etwas zurückzuschrecken scheint. Sein Weltmarktanteil liegt bei 23 Prozent, gefolgt vom Konkurrenten Pioneer Hi-Bred mit 15 und der Schweizer Syngenta-Gruppe mit neun Prozent. Weitere Big Player auf dem Markt mit gentechnisch verändertem Saatgut sind Dow AgroSciences, die deutschen Konzerne Bayer und BASF sowie die KWS Saat AG, ebenfalls ein deutsches Unternehmen, das vor allem transgene Zuckerrüben anbietet und in mehr als 70 Ländern vertreten ist.

Das Geschäftsmodell dieser Firmen funktioniert immer nach dem gleichen Prinzip. Seit vor gut 30 Jahren in einem Schweizer Labor von Ciba-Geigy, einer Tochter der Syngenta-Gruppe, zum ersten Mal ein Antibiotika-Gen in eine Tabakpflanze eingebaut wurde, geht es immer darum, Nutzpflanzen resistent zu machen gegen gewisse Schädlinge oder – noch besser – gegen bestimmte Unkrautvernichtungsmittel. Vereinfacht ausgedrückt erreicht man das, indem man den Pflanzen bestimmte Resistenz-Gene einbaut. So sind die Monsanto-Produkte resistent gegen Monsantos Breitband-Unkrautvernichtungsmittel »Roundup«, Bayer hat zum Beispiel transgene Rapssorten namens »Liberty Link« im Angebot, die immun sind gegen das Unkrautvernichtungsmittel »Liberty«. Die Botschaft lautet: Wer Saatgut von uns verwendet, kann problemlos unser hochwirksames Unkrautvernichtungsmittel einsetzen, es wird den Pflanzen nicht schaden.

Parallel dazu gibt es die sogenannte Bt-Technologie, benannt nach dem Bakterium Bacillus thuringiensis, das ein Insektengift produziert und so Schädlingen den Garaus macht. Verschiedene solcher Bt-Gene werden in Nutzpflanzen eingebaut, sie tragen also ihren Schädlingsvernichter schon in sich. Inzwischen werden die beiden Technologien auch zusammen bei ein und derselben Pflanze angewandt. Die Maissorte »SmartStax« von Monsanto produziert zum Beispiel sechs verschiedene Insektengifte selbst und ist obendrein auch noch gegen die Unkrautvernichtungsmittel Glyphosat (»Roundup«) und Glufosinat (»Liberty«) resistent. Und die Entwicklung geht noch weiter. Forscher arbeiten an Pflanzen, denen Dürre nichts ausmacht und die Pestizide noch besser verkraften, auch an völlig neue, bisher noch nicht gekannte Pflanzenformen ist gedacht. Allein Monsanto investiert Jahr für Jahr etwa 800 Millionen US-Dollar in die Forschung, bei einem Jahresumsatz von zwölf Milliarden US-Dollar ist das keine große Sache. Und gelegentlich arbeitet man selbst mit Konkurrenten zusammen. 2007 etwa schlossen Monsanto und Bayer eine Vereinbarung über eine Forschungs- und Entwicklungskooperation. Zweieinhalb Milliarden US-Dollar wollten die beiden Gentechnik-Konzerne dafür gemeinsam aufwenden.

Der Vorteil gentechnisch veränderter Nutzpflanzen für die Unternehmen liegt auf der Hand. Mit ihrem patentierten Saatgut können sie den Bauern gewissermaßen Lizenzgebühren abverlangen, denn die verwenden ja geistiges Eigentum der Firma. Und sie können len Bauern passend zum Saatgut maßgeschneiderte Unkrautvernichtungsmittel anbieten. Bauen sie ein entsprechendes Gen in die Nutzpflanzen ein, das die natürliche Samenbildung weitgehend verhindert, so müssen die Bauern alle Jahre wieder im selben Umfang Saatgut bei der Firma einkaufen. Tun sie es nicht, so haben sie erst recht ein Problem. Denn erstens gibt es die passenden Knebelverträge, die den Wechsel des Saatgutproduzenten sehr erschweren, und zweitens ist der Acker inzwischen bereits durch gentechnisch veränderte Pflanzen verunreinigt. Finden sich dort noch Spuren des ursprünglichen Saatguts, kann der Bauer wegen Lizenzverstößen verklagt werden.

Das alles ist keine abstruse Fantasie – all diese Fälle sind bereits massenhaft vorgekommen. Schlimmer noch: Sie sind wesentlicher Bestandteil des Geschäftsmodells, das in gewisser Weise ähnlich funktioniert wie das Geschäft eines Drogendealers. Denn sind die Bauern erst einmal mit gentechnisch verändertem Saatgut »angefixt«, ist ein Absprung kaum noch möglich.

Kampf der Meinungen um die Gentechnik

All das ist dem Normalverbraucher meist gar nicht bewusst. Der steht der technischen Manipulation seiner Nahrungsmittel eher skeptisch gegenüber. Denn niemand kann sagen, ob gentechnisch veränderte Pflanzen absolut unschädlich sind und wie sie sich in der freien Natur – also nicht unter Laborbedingungen – tatsächlich entwickeln. Befürworter der Biotechnologie verweisen in diesem Zusammenhang gerne darauf, dass es derzeit keine Studien gebe, die derartige Gefahren nahelegen. Wer aber weiß, wie sehr Studien oft interessengesteuert sind – und wie sie, beispielsweise von Monsanto, nachweislich immer wieder manipuliert werden –, der wird sich durch solche Versicherungen gewiss nicht von seiner Skepsis heilen lassen.

Aber seien die Ängste nun diffus und unbegründet oder nicht, das Thema ist emotional aufgeheizt, und zwar nicht nur in Europa. Auch in den USA, wo es in den meisten Staaten keinerlei Kennzeichnungspflicht für gentechnisch veränderte Lebensmittel gibt, findet inzwischen ein Umdenken statt. Connecticut und Maine haben bereits die Kennzeichnungspflicht beschlossen, in 20 weiteren Bundesstaaten laufen Kampagnen, die entsprechende Gesetze zum Ziel haben.

,Jenseits aller wissenschaftlichen und populären oder gar populistischen Diskussionen. bleibt die Frage: Wem nützt das alles? Ist es notwendig? Und welches sind die politischen Folgen?

Es gibt gute Gründe, die gegen gentechnisch veränderte Pflanzen und Lebensmittel sprechen. Die Grüne Gentechnik nützt in erster Linie jenen Konzernen, die das Monopol und das Patent auf das jeweilige Saatgut innehaben. Warum aber sollten die Europäer ihre Landwirtschaft dem Gewinnstreben einzelner Konzerne ausliefern, anstatt die bisher noch bestehende Vielfalt beizubehalten?

Die großen Gentechnik-Unternehmen setzen alle Hebel in Bewegung, um ihre Pfründe zu sichern und auszubauen. So entdeckte *Spiegel Online* im Juni 2014 ein Papier des Gentech-Lobbyvereins EuroBio mit dem Titel »A new strategy on GM issues« (»Eine neue Strategie für Gentechnik-Themen«), in dem es um die Möglichkeiten der Durchsetzung von gentechnisch verändertem Saatgut in Europa geht.[78] Demnach will die Branche nach und nach die bestehenden Regeln aufweichen. So sollen beispielsweise die Deutschen mit dem Label »Ohne Gentechnik« für entsprechende Lebensmittel geködert werden. Das bedeutet aber gleichzeitig: Alle nicht so gekennzeichneten Lebensmittel sind gentechnisch verändert oder können es zumindest sein. Es bedeutet also im schlimmsten Fall die Einführung eines neuen Standards durch die Hintertür. Oder, Beispiel zwei: Den Franzosen müsse freigestellt werden, zugelassenen Genmais anzubauen. Erreicht werden solle, dass die einzelnen Mitgliedsstaaten der EU »nicht gegen eine technische Lösung bei

Lebensmitteln votieren«, was nichts anderes heißt als eine stärkere Verunreinigung von Lebensmitteln mit Spuren gentechnisch veränderter Pflanzen zu erlauben. Bislang gilt Futter rechtlich schon als gentechnikfrei, auch wenn – als Folge von Transport und Lagerung – bis zu 0,9 Prozent gentechnisch veränderte Pflanzen darin enthalten sind. Die Lobby möchte nun erreichen, dass dieser Prozentsatz noch höher sein darf. So will man Stück für Stück den Widerstand brechen und immer mehr Zulassungen für gentechnisch veränderte Nutzpflanzen erreichen.

Die Lobbyisten scheinen jedenfalls voranzukommen. Nicht gentechnisch verändertes Futter, in der Regel Sojaschrot, wird langsam zur Ausnahme, schon wegen des etwas höheren Preises. Bereits heute bekommen nur noch fünf Prozent des Milchviehs Sojaschrot ohne Gentechnik, und nur 30 Prozent des Mischfutters für Hühner sind gentechnikfrei. Einer der Hauptgründe übrigens, warum McDonald's im Frühjahr 2014 bekanntgab, es werde seinen Hähnchenfleisch-Lieferanten künftig gentechnisch verändertes Futter erlauben. Bei Produkten aus Schweine- und Rindfleisch war das noch nie anders. Auch in ganz normalen Supermärkten findet sich in vielerlei Produkten bereits heute versteckte Gentechnik, nicht nur bei Fleisch. So wird zum Beispiel bei der Käseproduktion inzwischen häufig gentechnisch hergestelltes Lab verwendet.

Patente als Goldgruben – auch für die Pharmaindustrie

Klar ist: Gentechnik wird nicht angewendet, weil sie machbar ist, sondern weil man damit sehr viel Geld verdienen kann und weil man mit ihrer Hilfe Eigentümer von Dingen werden kann, die eigentlich niemandes Eigentum sein können, weil es sie immer schon gegeben hat.

Das Geschäft mit dem geistigen Eigentum ist eines der lukrativsten überhaupt. Die großen Unternehmen dieser Welt verstehen darunter weniger die Schöpfungen kreativer Geister, von Schriftstellern, Malern, Fotografen oder Philosophen. Oder nur in seltenen Ausnahmefällen. Nein, es geht um wissenschaftliche Forschung im Dienste der Industrie, um kommerziell verwertbare Forschungen und Entwicklungen, mit denen sich viel Geld verdienen lässt. Manchmal geht es auch gar nicht um Entdeckungen, sondern lediglich darum, sich etwas als Erster patentieren zu lassen, um es dann verwerten zu können. Beispielsweise den Genpool einer Pflanze oder einer bestimmten Reissorte. Man spricht in diesem Fall von Bio-Piraterie. Aber die Norm ist das nicht. Die Norm ist, dass ein Saatgutkonzern von seinen Forschern eine Nutzpflanze genetisch umbauen und sie sich dann als eigene geistige Leistung patentieren lässt. Für das Saatgut kann der Konzern dann Lizenzrechte geltend machen, je nach Patenterteilung auf ein Land, einen Kontinent begrenzt oder auch weltweit.

So sieht vereinfacht das Geschäftsmodell aus. Es hat inzwischen zur Dominanz einiger weniger Unternehmen geführt. Gab es früher allein in Deutschland eine Vielzahl unabhängiger Saatguthersteller, so sind es inzwischen kaum noch hundert, die meisten davon kleine Kooperativen mit einem geringen Marktanteil. Und die Entwicklung ist überall auf der Welt die gleiche: Viele kleine Firmen wurden von den Großen geschluckt, andere mit unsanften Methoden aus dem Markt gedrängt. Und wo es eben geht, machen die Großen Lizenzrechte geltend.

Und sie achten darauf, dass diese Rechte möglichst wenig angetastet werden, ob es sich nun um Saatgut handelt oder um Arzneimittel. So nützen große Pharmafirmen das anstehende TTIP-Abkommen, um die geplante europäische Transparenzoffensive der Zulassungsbehörde EMA (European Medicines Agency) zu torpedieren. Denn die EU möchte eigentlich bis 2016 gesetzlich regeln, wie und in welchem Umfang Arzneimittelhersteller jene Studien öffentlich machen müssen, die als Grundlage eines Genehmigungsverfahrens dienen. Die großen Unternehmen lassen gern jene Studien unveröffentlicht, die Risiken andeuten. Eine Pflicht zur umfassenden Veröffentlichung würde es erleichtern, Gesundheitsgefährdungen rechtzeitig zu erkennen, woran Pharmahersteller wenig Interesse haben. So hat der Dachverband der US-Arzneimittelhersteller, PhRMA, den amerikanischen Chefunterhändler gebeten, gegen solche Transparenzregeln bei den TTIP-Verhandlungen vorzugehen. Es handele sich um vertrauliche kommerzielle Daten, die nach den geltenden Schutzrechten der WTO für geistiges Eigentum nicht herausgegeben werden müssten. »PhRMA und seine Mitglieder fordern die US-Regierung auf, auf allen Ebenen auf die EU einzuwirken, um dieses Problem zu beseitigen«, heißt es in dem Schreiben.[79]

Die Industrie beruft sich hier auf das seit 1994 geltende TRIPS-Abkommen im Rahmen der Welthandelsorganisation, das geistiges Eigentum, vom Saatgut bis zur technischen Innovation eines neuen Automotors, unter besonderen Schutz stellt. Zugleich räumt dieses Abkommen den einzelnen Staaten aber noch viele Regulierungsrechte ein. Und die möchte nicht nur die Pharma-Industrie gerne aushebeln. Denn das gleiche TRIPS-Abkommen, auf das sie sich beruft, erschwert in manchen Punkten den Handel mit Drittländern. Deshalb würde die Industrie TRIPS gerne »ergänzen« – »TRIPS-plus« wird das dann von den Lobbyisten genannt.

Freihandelsabkommen wie TTIP sollen nun als eine Art trojanisches Pferd dienen, um längere Laufzeiten und Tricksereien bei Patenten zu ermöglichen, Erkenntnisse über die Wirkung von Arzneimitteln geheim zu halten oder die Zulassungsverfahren zur stumpfen Waffe zu machen. Mithilfe von TTIP will zum Beispiel der internationale Verband Biotechnology Industry Organisation die Zulassungsverfahren für Pharmapatente in Brasilien oder die Zwangslizenzierung von Medikamenten in Indien angreifen.[80] Die gerieten nämlich durch einen neuen, via TTIP gesetzten Standard in Bedrängnis. Und das würde der Bevölkerung ganz erheblich schaden. Die Zwangslizenzierung von Medikamenten in Indien bestimmt nämlich, dass dort Generika, also wirkungsgleiche Kopien von Arzneimitteln, zu sehr viel günstigeren Preisen hergestellt werden können. Der indische Generika-Hersteller Nacto hat etwa ein Krebsmedikament auf dem Markt, dessen Original von Bayer hergestellt wird und dessen Monatsdosis in den USA 5000 US-Dollar kostet, während sie in Indien bereits für 160 US-Dollar zu haben ist.

Warum Patente immer wertvoller werden

Augenfälliger lässt sich kaum zeigen, wer den meisten Nutzen vom Recht am geistigen Eigentum hat. Patente zu besitzen wird immer wichtiger, in der gesamten Weltwirtschaft. Angefangen beim Temperaturmessfühler in einer Maschine bis hin zum Genmaterial von Kartoffeln. Und deshalb möchte die Industrie in den Freihandelsabkommen neueren Zuschnitts, wie TTIP, TTP und CETA, gerne ein paar Bestimmungen unterbringen, welche die Verwertung ihres geistigen Eigentums, also ihrer Patente, auch unter dem Oberbegriff »Investition« einordnen. Dann könnten sich Staaten und Gerichte, die bestimmte Patente nicht anerkennen wollen, nicht so ohne Weiteres auf das TRIPS-Abkommen und dessen Entscheidungsrechte für Nationalstaaten berufen. Dann würden sie möglicherweise gegen die den Unternehmen zugestandenen Investitionsschutzrechte nach TTIP oder TTP oder CETA verstoßen und könnten verklagt werden. Denn gemäß diesen Abkommen dürfen Investitionen nicht einfach durch irgendwelche staatlichen Eingriffe wertlos werden.

Es gibt dafür bereits einen berühmten Präzedenzfall nach dem NAFTA-Abkommen, das die nordamerikanische Freihandelszone von Mexiko bis Kanada umfasst. Der US-Pharma-Multi Eli Lilly reichte im September 2013 eine Investor-Staats-Klage gegen Kanada ein und verlangte vom kanadischen Staat 500 Millionen US-Dollar Schadensersatz. Zwei verschiedene kanadische Gerichte hatten Patente des Unternehmens aufgehoben, weil sich die Angaben des Konzerns über die Wirksamkeit der Mittel nicht bewahrheitet hatten. Eli

Lilly beruft sich darauf, dass die Patente »immaterielle Vermögenswerte« und deshalb durch das NAFTA-Abkommen geschützt seien. Die Gerichte hätten also gegen »die elementarsten und legitimen Erwartungen« des Konzerns verstoßen, die dieser von einem stabilen Geschäftsumfeld erwarten könne.

Dieser Fall zeigt, was in Sachen Verbraucherrecht und Verbraucherschutz auf uns zukommen könnte, sollten TTIP und CETA ohne Einschränkungen verwirklicht werden. Aber es spielen noch ganz andere Faktoren eine Rolle. Schließlich wird es immer wichtiger, in welchen Teilen der Welt Patente gelten. Insofern sind die Folgen noch gar nicht abzusehen, sollten auch auf dem Gebiet des Patentrechts »die Standards angenähert« werden. In letzter Instanz liefe das möglicherweise sogar auf eine globale Angleichung des Patentrechts hinaus.

Was würde dann aus der europäischen Praxis, Patente auf Leben aus ethischen Gründen nicht anzuerkennen?

Land Grabbing in Meckpomm

Beispiel Agrarindustrie und Fracking: Wie Landwirtschaft und Landschaft nach US-Vorbild umgestaltet werden

Unsere Vorstellung von Landwirtschaft ist meist nicht mehr als reine Fiktion und eine romantische Illusion. Wider besseres Wissen möchten wir gerne glauben, dass Kühe und Rinder auf der Weide grasen und Schweine sich fröhlich grunzend vor dem Bauernhof in den Pfützen suhlen, während glückliche Hühner gackernd ihre Eier legen. Jeder weiß: So ist es längst nicht mehr. Aber nicht jeder weiß, wie es wirklich ist, denn sonst wäre unser System der industrialisierten Landwirtschaft und der fabrikmäßigen Tieraufzucht gar nicht mehr haltbar. Einige Fakten mögen das veranschaulichen.

Die deutschen Geflügelzüchter bringen Jahr für Jahr eine Überproduktion von knapp 30 Prozent zustande. Die werden sie aber trotzdem los. Denn in Deutschland sind vor allem Brust und Keule gefragt. Jene Fleischteile, die hierzulande niemand haben will, werden mithilfe von europäischen Exportzuschüssen verbilligt in Länder der Dritten Welt geliefert. Dort ruiniert das billige Fleisch die traditionelle Geflügelhaltung: Mit den niedrigen Preisen kann kein Kleinbauer konkurrieren.

Mastschweine haben bei uns kein schönes Leben. Sie vegetieren in engsten Stallungen und bei künstlichem Licht dahin, nach fünf Monaten müssen sie ihr Schlachtgewicht erreicht haben, dazu müssen sie täglich bis zu einem Kilo an Gewicht zulegen. Ein Drittel aller Ferkel stirbt, bevor es die Schlachtreife erreicht hat. Das heißt, diese Tiere werden einfach weggeworfen. Kann ein Tierschutzgesetz, das den Tod jedes dritten Jungtieres billigend in Kauf nimmt, wirklich »Tierschutzgesetz« genannt werden?

Überhaupt wird keines der Nutztiere auch nur annähernd so alt, wie es von Natur aus eigentlich werden könnte. Denn die Tiere werden in Rekordzeit gemästet und nehmen so schnell zu, wie es kein Mensch jemals auch nur ansatzweise könnte. Masthähnchen verdoppeln ihr Gewicht alle drei Tage. Ein Huhn könnte eigentlich bis zu 15 Jahre alt werden. Stattdessen wird es spätestens nach 43 Tagen geschlachtet. Normal sind 32 Tage Lebenszeit.

Milchkühen geht es übrigens nicht viel besser als jenen Nutztieren, die als optimierte Fleischberge gezüchtet werden. Vor 50 Jahren gab eine Durchschnittskuh pro Jahr etwa 3400 Liter Milch, heute sind es ungefähr 8200 Liter, Hochleistungsmaschinen auf vier Beinen schaffen sogar 12 000 Liter jährlich. Das belastet den Organismus der Tiere erheblich: Schließlich müssen für die Produktion von 50 Litern Milch 30 000 Liter Blut durch die Adern der Kuh gepumpt werden. Milchkühe werden deshalb heute auch nicht mehr sehr alt: Nach höchstens vier Jahren ist es aus mit ihnen. Früher wurden auch Milchkühe in der Regel 15 Jahre alt.

Die hochtechnisierte und industrialisierte Landwirtschaft hat natürlich auch Folgen für den Grund und Boden. Allein die Kosten der Überdüngung sind gewaltig. Stickstoffdünger und die enorme Menge an Gülle, die wegen der überhöhten Fleischproduktion auf den Feldern ausgebracht wird, verursachen in der EU jährlich Schäden in Höhe von 320 Milliarden Euro. Die Folgen der Überdüngung sind zu sehen am übersteigerten Algenwachstum an den Küsten der Bretagne oder der Ostsee. Die Algen drohen dort alles andere Leben zu ersticken und müssen deshalb aufwendig entsorgt werden. Und die Monokultur auf den Feldern, zum Beispiel durch den Anbau von Mais und Raps für Bio-Sprit, fördert die Erosion fruchtbaren Bodens, die wir uns eigentlich überhaupt nicht leisten können – wertvolles Ackerland, vom Winde verweht.

Kurz, unsere Art der Viehzucht und des Ackerbaus in Europa hat inzwischen beinahe selbstmörderische Formen angenommen.

Landwirtschaft in den USA: Perversion in Perfektion?

Bei unserem künftigen Freihandelspartner USA jedoch ist die Industrialisierung der Landwirtschaft noch viel weiter fortgeschritten als in Europa. Zwar ist die Massentierhaltung hüben wie drüben längst Standard – in den USA liegt ihr Anteil bei 99, in Deutschland bei 98 Prozent –, doch hat sie jenseits des Atlantiks noch einmal ganz andere Dimensionen erreicht, die man sich bei uns noch gar nicht vorstellen kann. In Europa gelten Betriebe mit 2000 Rindern als riesig – solche Zahlen werden eigentlich nur von den ehemaligen landwirtschaftlichen Produktionsgenossenschaften im Osten Europas, etwa in Mecklenburg-Vorpommern, erreicht.

Beispiel Milchwirtschaft. In Deutschland hat ein Milchhof im Schnitt 50 Kühe; die größten Betriebe arbeiten mit 800 Tieren. Nur im Osten Deutschlands gibt es ehemalige Produktionsgenossenschaften mit 2000 Kühen. Die bäuerliche Landwirtschaft ist ohnehin seit Langem auf dem Rückzug. Mittlerweile gibt es in Deutschland nur noch knapp 80 000 Milchbauern, vor zehn Jahren waren es noch 140 000. Aber ihr Geschäft lohnt sich nicht mehr, ohne die EU-Subventionen könnten die meisten längst nicht mehr überleben. Milch ist so billig geworden, dass die meisten Bauern deutlich mehr in ihre Produktion hineinstecken, als sie durch den Verkauf herausbekommen. Dass sie überhaupt noch weiterarbeiten können, liegt an der finanziellen Unterstützung durch Brüssel. Und auch damit wird der deutsche Durchschnittsbauer natürlich nicht reich: Sein Jahresgewinn lag 2013 gerade mal bei 35 000 Euro, sein Umsatz lag noch unter 138 000 Euro. Nicht viel, wenn man bedenkt, dass meist eine ganze Familie und oft auch weitere Beschäftigte von einem solchen Hof leben.

Für amerikanische Verhältnisse sind solche Dimensionen geradezu lächerlich. Dort gilt als Kleinbauer, wer auf einen Jahresumsatz von weniger als 182 000 Euro – 250 000 US-Dollar – kommt. In der Milchwirtschaft gibt es in den Vereinigten Staaten sowieso kaum

Höfe mit weniger als 100 Tieren, 85 Prozent der Milch kommen von Farmen, die bis zu 37 000 Tiere haben.

Ein Unternehmen dieser Art liegt zum Beispiel im Bundesstaat Indiana, in dem Ort Fair Oaks südlich von Chicago. In der gigantischen Anlage wird dreimal am Tag gemolken, mit dem Dung der Tiere wird eine zwölf Millionen Dollar teure Biogasanlage betrieben. Und weil die Städter aus dem Moloch Chicago gerne mal einen Hauch von bäuerlicher Natur kennenlernen wollen, gibt es auch Agrotourismus. Die Besucher fahren dann mit Reisebussen durch die riesigen Kuhställe und fotografieren die in endlosen Reihen angeordneten Milchkühe, wie sie an den Trögen ihr spezielles, milchförderndes Futter wiederkäuen. Selbstverständlich verfügt die Mega-Farm auch über ein Café, einen Souvenirladen, eine kleine, lehrreiche Ausstellung für die Kleinen rund ums Thema Milch und über ein 4-D-Kino, in dem man einiges über Milchkühe und die Milchproduktion erfahren kann.[81]

Das alles klingt mehr nach Industrieunternehmen als nach Bauernhof, und solche Betriebe sind auch in den Vereinigten Staaten nicht die Regel. Es gibt sie vor allem im Norden, aber auch in Kalifornien und Texas. Farmen mit mehr als 2000 Tieren sind jedoch durchaus normal. Landwirtschaft wird in diesem großen Land eben groß gedacht. Nur die Zahl der Familien, die davon leben, wird immer kleiner. 97 Prozent der Milchfarmen – auch die von Fairy Oaks übrigens – sind im Besitz von bäuerlichen Familien, sagt die Marketinggesellschaft American Dairy Association. Aber jene Betriebe, die noch eine relevante Rolle auf dem Markt spielen, gehören »30 bis 40 Familien«, wie das International Farm Comparison Network, eine Vereinigung von rund 100 internationalen Landwirtschaftsexperten, bereits 2010 registrierte.[82]

Fast 90 Prozent der US-Milchbauern mussten seit 1970 ihren Beruf und ihren Hof aufgeben, heute gibt es noch etwa 55 000 davon in einem Land, das dreieinhalbmal so viele Einwohner zu versorgen hat wie Deutschland mit seinen 80 000 Milchbauern. Die Konzentration hin zu Mega-Ställen und durchindustrialisierten Großbe-trieben hat in den USA also längst gesiegt. Kleinbäuerliche Land-wirtschaft findet man höchstens noch in den Enklaven der Amish oder in abseitigen Hippie-Kommunen, und je nach Toleranzschwelle des Betrachters wird sie entsprechend misstrauisch oder belustigt beäugt.

Landwirtschaft findet in den Vereinigten Staaten in ganz ande-ren Dimensionen statt, als es in Europa – noch – der Fall ist. In den USA sind Agrarbetriebe im Schnitt 180 Hektar groß, in der EU be-trägt ihre Durchschnittsgröße lediglich zwölf Hektar. Es gibt zwar 2,2 Millionen Farmer. Aber nur vergleichsweise wenige produzieren die Hälfte der landwirtschaftlichen Erzeugnisse. Insgesamt sind es 40 800 Farmer, die jeweils mindestens 1200 Hektar bewirtschaften und auf ein Bruttoeinkommen von mehr als einer Million Dollar kommen. Diese landwirtschaftlichen Großbetriebe befinden sich in der Hand großer Familien, sie arbeiten häufig mit Fremdkapital, können hohe Produktionszahlen vorweisen und erwirtschaften einen entsprechenden Gewinn. Mit europäischen Betrieben sind diese Far-men nur bedingt vergleichbar; in der Alten Welt fehlt es oft schlicht-weg schon an der notwendigen Fläche, um derart große Betriebe aufzuziehen.

Der Großteil der amerikanischen Bauern ist für die Agrarpro-duktion nicht sehr bedeutend. Ein Fünftel aller Farmer verdient so-gar weniger als 1000 US-Dollar im Jahr mit der Landwirtschaft, sie bauen Getreide und Gemüse also praktisch für den Hausgebrauch an und züchten Vieh für den Eigenbedarf. Sie sind längst von den Großproduzenten aus dem Geschäft gedrängt worden. Seit den Drei-ßigerjahren des vorigen Jahrhunderts mussten etwa fünf Millionen Farmer aufgeben – allein diese Zahl macht deutlich, welchen Weg die Entwicklung genommen hat.

Ironischerweise wurde sie befördert durch Instrumente, welche die strenge neoliberale Wirtschaftsschule eigentlich für Teufelszeug hält: staatliche Subventionen. Die sind in den USA zwar angeblich auf Direktzahlungen von höchstens 40 000 US-Dollar pro Jahr und Empfänger begrenzt, aber diese Zahl täuscht, weil es daneben eine Fülle versteckter Subventionen gibt. So übernimmt der Staat beispielsweise bis zu 62 Prozent der Versicherungskosten landwirtschaftlicher Betriebe. Allein 54 Prozent der Agrarbeihilfen laufen in den Vereinigten Staaten unter dem Etikett »soziale Lebensmittelhilfe«. So kommen die USA auf eine Pro-Kopf-Subventionierung des Agrarsektors von jährlich 422 US-Dollar. In der EU sind es nur 151 US-Dollar. In absoluten Zahlen: Die Agrarsubventionen pro Jahr belaufen sich in den Vereinigten Staaten auf 138 Milliarden US-Dollar, in der Europäischen Union auf 76 Milliarden US-Dollar.

Wachsen oder weichen: Auch in Europa kommen Mega-Farmen

Der Trend zu immer größeren Einheiten wird in den USA begünstigt durch den Reichtum an Fläche und schwach besiedelten Landstrichen. Davon kann in Europa keine Rede sein. Große, zusammenhängende Gebiete, die sich für Landwirtschaft eignen, sind in der Alten Welt eher Mangelware. Aber es gibt sie noch, wenn auch in erheblich geringerer Ausdehnung.

Dass die kleineren Bauernhöfe in ganz Europa seit Jahrzehnten immer weniger werden und dafür große Betriebe entstehen, ist eine Binsenweisheit. Daran konnten auch erste Korrekturen in den vergangenen Jahren hin zu einer neuen, nachhaltigeren Agrarpolitik noch nicht allzu viel ändern.

Das künftige Freihandelsabkommen TTIP dürfte die Tendenz hin zu immer größeren Einheiten stark befördern. Schon wegen der Konkurrenz aus den USA, die dann droht. Aber die Entwicklung ist ohnehin absehbar. Speziell in Ostdeutschland sind große Agrarflächen inzwischen zu Spekulationsobjekten geworden. Auch wenn die Flächen, verglichen mit Arealen in Nord- oder Südamerika, eher klein sind: Man kann hier durchaus schon von Land Grabbing sprechen, denn die Bodenpreise haben sich hier in den vergangenen fünf Jahren verdoppelt.

Der Hintergrund ist, dass die großen Anbauflächen der früheren LPGs – der Landwirtschaftlichen Produktionsgenossenschaften der ehemaligen DDR – nach der Wende durch einen Ableger der Treuhand oft an private Investoren verkauft oder verpachtet wurden. Es handelte sich um nicht weniger als 21,1 Millionen Hektar. Der größte Teil davon wurde entweder den Altbesitzern zurückgegeben oder veräußert, der Rest auf bis zu 20 Jahre verpachtet.

Diese Pachtverträge laufen nun aus. Die frei werdenden Agrarflächen werden oft von Investoren aufgekauft, die sie dann nicht immer nur landwirtschaftlich nutzen, und wenn doch, dann vor allem zum großflächigen Anbau von Mais, Roggen und Gerste für Biogasanlagen oder auch für riesige Ställe, in denen Mastvieh gezüchtet wird. So bewirtschaftet die Steinhoff Familienholding des größten Möbelhändlers Europas, Bruno Steinhoff, vier bis fünf große Agrarbetriebe mit insgesamt rund 20 000 Hektar. Die JWLW Holding AG des Viehhändlers Jürgen Lindhorst besitzt mittlerweile 24 000 Hektar in Brandenburg und Sachsen-Anhalt. Der KTG-Agrar des gelernten Landwirts Siegfried Hofreiter, einem börsennotierten Konzern, gehören 31 000 Hektar an mehr als 30 Standorten. Dort wird zur Hälfte konventionell und zur Hälfte ökologisch angebaut. Nach einer Berechnung des Bundes für Umwelt- und Naturschutz stehen allein KTG-Agrar gemäß EU-Flächenprämie rund neun Millionen Euro an Subventionen zu.[83]

Annähernd vergleichbare Möglichkeiten finden Investoren sonst nur in weiter östlich gelegenen Staaten vor. Der westfälische Großschlachter Clemens Tönnies etwa will mit einem russischen Partner zehn neue Schweinefleischbetriebe in Russland aufbauen, dort 100 Millionen Euro investieren und jährlich 62 500 Tonnen Fleisch produzieren. Der ehemalige WestLB-Banker Eckart Hohmann baut 400 Kilometer südlich von Moskau auf 29 000 Hektar Braugerste, Saatgetreide und Weizen an. Und Stefan Dürr, Bauernsohn aus dem nordbayerischen Teil des Odenwaldes, besitzt sogar 170 000 Hektar russisches Ackerland, beschäftigt in seiner Holding Ekosem-Agrar 2800 Mitarbeiter und erwirtschaftet pro Jahr 80 Millionen Euro.[84] Ein Konzept mit Zukunft.

All diese Beispiele zeigen, wie sehr die Entwicklung in die Richtung geht, die in der US-Landwirtschaft vorherrscht: große Einheiten, Monokulturen, eine fast industrialisierte Produktion, die Rücksichten nur noch kennt, wenn es um die Profite der Investoren geht.

Fracking: Russisch Roulette mit dem Grundwasser

Ähnlich rücksichtslos mit Landschaft und Ressourcen geht die Technik des Fracking um. Es geht dabei um die Förderung von Schiefergas, das man gewinnt, indem man zum Teil hochgiftige Chemikalien unter großem Druck in die Schieferschichten der Erde pumpt und so das dort gelagerte Methangas freisprengt. In den USA hat sich diese Technik seit 2005, als die Lockerung von Umweltauflagen ihren Einsatz entscheidend erleichterte, weit verbreitet. In 29 von 50 US-Bundesstaaten wird inzwischen Schiefergas gefördert, Texas und North Dakota gelten als Schwerpunkte. Mehr als 125 Milliarden US-Dollar haben die großen Energiekonzerne und ihre Kapitalgeber seit 2005 in diese Technologie investiert. Sie gilt als eine der letzten Hoffnungen der Industrie, dass es mit der billigen fossilen Energie doch noch nicht zu Ende geht. In den USA jedenfalls sind die Erdgaspreise mittlerweile auf ein Drittel gefallen. Allerdings sind auch die Investitionen der Kapitalgeber stark zurückgegangen – von rund 34 Milliarden US-Dollar im Jahr 2011 auf nur noch ein Zehntel davon im Jahr 2013. Grund dafür sind die stark gefallenen Gaspreise sowie der Umstand, dass Schiefergas an einer Quelle anfangs in großen Mengen, nach relativ kurzer Zeit aber nur noch auf sehr viel niedrigerem Niveau – dafür jedoch über einen längeren Zeitraum – gefördert werden kann.

Das Hauptproblem beim Fracking ist jedoch der Cocktail aus gut 100 verschiedenen, zum Teil hoch toxischen Chemikalien, wie Naphthalin und Formaldehyd, sowie Wasser und Sand, der unter hohem Druck in tiefe Gesteinsschichten drei- bis viertausend Meter unter die Erde gepresst wird. Weder von diesem Gemisch noch von den 20 Prozent des wieder nach oben kommenden Abwassers, »Flowback« genannt, weiß man bislang, wie sie sich auf Grund- und Trinkwasser auswirken. Verunreinigungen sind aber nachweisbar, wenn auch nicht immer so spektakulär wie in dem amerikanischen Dokumentarfilm *Gasland:* Dort ist zu sehen, wie Nachbarn von Fracking-Förderanlagen das Wasser aus den Hähnen mit einem Feuerzeug anzünden können, weil der Gasanteil im Wasser so hoch ist. In den USA wurden im Rahmen von Studien Brunnen in der Nähe von Fracking-Anlagen untersucht. Dort war die Belastung mit Methan in einem Kilometer Umkreis sechsmal höher als in anderen Brunnen, die Ethan-Konzentration sogar 23 Mal höher. In zehn Brunnen konnte man gar Propan im Wasser nachweisen. Und das, obwohl es eigentlich keine biologischen Quellen von Ethan und Propan in der Region gibt.[85] In Ohio wurden auch schon kleinere Erdbeben nach Fracking-Bohrungen registriert.

Das deutsche Umweltbundesamt hat Fracking deshalb zur Risikotechnologie erklärt und lehnt das Verfahren rundheraus ab, anders als das Wirtschaftsministerium, das Fracking unter bestimmten Bedingungen erlauben würde. Insgesamt werden in Deutschland rund 13 Billionen Kubikmeter Gas unter der Erde vermutet, eine Menge, mit der das Land etwa 13 Jahre versorgt werden könnte. »Grundsätzlich halten wir die Gefahren dieser Technik für zu groß«, sagte die Präsidentin des Umweltbundesamts, Maria Krautzberger, Ende Juli 2014 zur *Süddeutschen Zeitung.*[86]

Die Meinungen sind aber auch in Deutschland so gespalten wie eine unterirdische Schieferdecke nach einer Fracking-Bohrung, und die Fronten verlaufen quer durch die Parteien und Bundesländer. Letztere sind zwar mit großer Mehrheit gegen Fracking, Niedersachsen jedoch würde es – wegen der dort vermuteten großen Gasvorkommen – unter bestimmten Bedingungen erlauben. Am Bodensee ist man entschieden dagegen, der See dient ja auch als Trinkwasserreservoir. Ähnlich uneinheitlich sind die Positionen in der gesamten EU: Während Frankreich und Bulgarien Fracking verboten haben, wollen Großbritannien, Polen, Rumänien und Litauen diese Technologie ausdrücklich erlauben.

Diese unterschiedliche Einstellung der einzelnen Staaten könnte letztlich das Einfallstor für die großen Energiekonzerne wie Exxon Mobil oder Chevron sein. Auf dem Weg der Investor-Staats-Klage könnten sie nämlich im gesamten EU-Raum Gleichbehandlung einfordern, und dann wäre gegen Fracking nichts mehr auszurichten. Vorboten dieser Entwicklung gibt es bereits. »In mehr als einem Drittel der Fälle, die im Frühjahr/Anfang 2013 vom Schiedsgericht der Weltbank behandelt wurden, ging es um Öl, Rohstoffe oder Gas«, sagt Pia Eberhardt von Corporate Europe Observatory, Mitautorin der bereits erwähnten Studie über Schiedsgerichte.[87] Und die texanische Firma Schuepbach Energy klagte ebenfalls 2013 gegen den Verlust von Bohrlizenzen in Frankreich vor einem ordentlichen Gericht und forderte Schadensersatz in Höhe einer Milliarde Euro. Das staatliche Gericht wies die Forderung allerdings ab.[88] Vor einem Schiedsgericht im Washingtoner ICSID wäre der Fall womöglich ganz anders ausgegangen.

Wenn der Alltag teuer wird

Beispiel öffentliche Daseinsvorsorg: Früher vornehmste
Staatsaufgabe, heute Hindernis für den Freihandel?

Im Sommer 2013 geschah etwas, das es in dieser Form vorher nicht gegeben hatte in Europa: Die Bürger der EU entdeckten ihre Macht. Sie bildeten eine Bürgerinitiative, ganz so wie in Städten, Gemeinden und Landkreisen auf lokaler Ebene, und sie sammelten Unterschriften, ganz klassisch. In erstaunlich kurzer Zeit hatten sie 1,5 Millionen davon beisammen. Und damit brachten sie eine geplante »Richtlinie des Europäischen Parlaments und des Rates über die Konzessionsvergabe« zu Fall, die der EU-Kommissar für den Binnenmarkt, Michael Barnier, hatte durchdrücken wollen. Vordergründig ging es darin um die Verhinderung von Korruption und um mehr Transparenz, und sie sollte Kommunen und Gemeinden dazu verpflichten, Dienstleistungen, wie die Wasserversorgung, öffentlich und europaweit auszuschreiben.

Doch so weit kam es nicht. Denn tatsächlich handelte es sich bei der Richtlinie um ein trojanisches Pferd, mit dessen Hilfe öffentliche Dienstleistungen umfassend privatisiert werden sollten. Was bisher in weiten Teilen Europas öffentliche Aufgabe gewesen war – Wasserversorgung, Müllabfuhr, Stromversorgung –, sollte nun im Zeichen der »Marktliberalisierung« von internationalen Konzernen übernommen werden. Ein breites Bündnis aus Umweltverbänden, Gewerkschaften und anderen Vereinigungen wehrte sich dagegen und strebte eigentlich ein europaweites Volksbegehren an, was tatsächlich möglich ist, wenn eine Million EU-Bürger es mit ihrer Unterschrift fordern. Obendrein aber muss in mindestens sieben der 28 EU-Mitgliedsstaaten ein bestimmtes Quorum, abhängig von der Bevölkerungszahl, erreicht werden. Erst dann muss sich die EU-Kommission mit den Forderungen der Petition überhaupt befassen.

Die EU-Kommission gab jedoch schon vorher nach, zu groß war der Widerstand, und zu offensichtlich war, dass eine große Mehrheit in den Staaten der EU gegen die Wasserprivatisierung war. Kommissar Barnier sagte im Juni 2013: »Wir müssen den Bedenken so vieler Bürgerinnen und Bürger Rechnung tragen«, und kündigte an, die Wasserwirtschaft auszusparen bei der Konzeption der neuen Richtlinie, in den Kommunen könne damit alles beim Alten bleiben.

Ein voller Erfolg also für das erste breite Bündnis der Zivilgesellschaft auf europäischer Ebene. Möchte man meinen. Andererseits war im Juni 2013, als Michael Barnier den Rückzieher verkündete, längst klar, dass die Privatisierung der Wasserwirtschaft und vieler anderer öffentlicher Dienstleistungen auf einem anderen Weg erreicht werden konnte: über das geplante Freihandelsabkommen TTIP, das damals in die erste Verhandlungsrunde ging. Das Verhandlungsmandat war zwar streng geheim, lag aber längst vor. Und darin stand eben unter anderem, dass es selbstverständlich auch um öffentliche Dienstleistungen gehen sollte. Und sollten alle Stricke reißen, so gibt es ja auch immer noch TiSA …

Der Dienstleistungssektor ist einer der interessantesten überhaupt für die Wirtschaft. Er umfasst Verkehr, Transport, Logistik, Banken, Versicherungen, Tourismus, aber auch das Gesundheits- und Bildungswesen sowie Beratungsunternehmen und das weite Feld der Informationstechnologie-Branche, dazu sämtliche öffentlichen Dienstleistungen mitsamt ihrem gewaltigen Beschaffungswesen. Dienstleistungen machen allein in Deutschland fast drei Viertel der Wirtschaftsleistung aus, ebenso viele Jobs sind hier angesiedelt. Dagegen unterliegen in der gesamten EU nur 20 Prozent der Dienstleistungen dem freien Handel – vier Fünftel werden nämlich von der öffentlichen Hand geregelt. Gerade bei den öffentlichen Dienstleistungen wäre für Private also noch viel Geld zu verdienen – nicht nur, was die Wasserversorgung oder die Müllabfuhr angeht. Nach allem, was man bisher von TTIP weiß, sollen im gesamten Wirtschaftsraum der USA und der EU das höchste Maß an Liberalisierung festgeschrieben und weitere noch bestehende Barrieren abgebaut werden. Was im Klartext heißt, dass alles, was nicht explizit in einer Negativliste ausgeschlossen ist (wie etwa auf besonderen Wunsch Frankreichs die audiovisuellen Medien), rigoros liberalisiert werden darf und muss.

Und das bedeutet in der Regel, dass Private zum Zug kommen, weil sie bei Ausschreibungen oft das billigste Angebot vorlegen. Städte und Gemeinden, die sich beispielsweise auf die Wasserprivatisierung eingelassen haben, wissen heute nur zu gut, warum. Große Versorger wie Veolia oder Suez pachten die Wasserversorgung einer Stadt wie Buenos Aires für 20 oder 30 Jahre – ein Zeitraum, in dem sich große Zukunftsinvestitionen oft nicht rentieren. So wird am Leitungsnetz nur das Nötigste gemacht und in großem Stil Personal abgebaut, um Kosten zu sparen. Auf diese Weise kann man anfangs günstige Preise anbieten, die dann aber oft schon nach kurzer Zeit erhöht werden müssen, sodass man bald ein Niveau erreicht, das deutlich höher ist als das von Stadtwerken. Sauberkeit und Sicherheit sind ebenfalls Verursacher von Kosten, und die will man ja gerade vermeiden. Am Ende stehen dann eine mehr als mangelhafte Infrastruktur und ungesundes Wasser. Was Kommunen und Städte auf die Schnelle einsparen wollten, führt oft zu astronomischen Kosten – insbesondere dann, wenn sich die privaten Wasserversorger in den Übernahmeverträgen hohe Gewinne zusichern lassen, wie es in der Vergangenheit nicht selten der Fall war. Und das Geschäft mit Wasser wird immer lukrativer, allein deshalb will die Wirtschaft es nicht öffentlichen Trägern überlassen. Man geht davon aus, dass die Wasserversorgung weltweit ein jährliches Volumen von mindestens 400 Milliarden US-Dollar hat, Zukunftsprognosen der Weltbank sprechen gar von einer Billion US-Dollar.

LEITLINIEN FÜR DIE VERHANDLUNGEN ÜBER EIN UMFASSENDES HANDELS- UND INVESTITIONSABKOMMEN – BEZEICHNET ALS TRANSATLANTISCHE HANDELS- UND INVESTITIONSPARTNERSCHAFT – ZWISCHEN DER EUROPÄISCHEN UNION UND DEN VEREINIGTEN STAATEN VON AMERIKA

Art und Geltungsbereich des Abkommens

1. Das Abkommen wird ausschließlich Bestimmungen über den Handel und handelsrelevante Bereiche enthalten, die zwischen den Vertragsparteien Anwendung finden. Mit dem Abkommen sollte bestätigt werden, dass sich die transatlantische Handels- und Investitionspartnerschaft auf gemeinsame Werte einschließlich des Schutzes und der Förderung der Menschenrechte und der internationalen Sicherheit stützt.

2. Das Abkommen wird ehrgeizig, umfassend, ausgewogen und in jeder Hinsicht mit den im Rahmen der Welthandelsorganisation (WTO) bestehenden Regeln und Pflichten vereinbar sein.

3. Das Abkommen wird die beiderseitige Liberalisierung des Handels mit Waren und Dienstleistungen sowie Regeln zu handelsbezogenen Fragen vorsehen, wobei es ehrgeizige Ziele verfolgt, die über die bestehenden WTO-Verpflichtungen hinausgehen.

4. Die sich aus dem Abkommen ergebenden Pflichten werden auf allen staatlichen Ebenen bindend sein.

Geheimes Verhandlungsmandat: In den Leitlinien der EU für die Verhandlungen mit den USA ist der Bereich der öffentlichen Daseinsvorsorge explizit enthalten. Kritiker befürchten deshalb zum Beispiel die Privatisierung der öffentlichen Wasserversorgung, die eigentlich schon abgewendet schien.

Verhältnis zu anderen Teilen des Abkommens: Die Investitionsschutzbestimmungen sollten nicht mit den an anderer Stelle im Abkommen übernommenen Marktzugangs-
verpflichtungen zu Investitionen verknüpft sein. Die Streitbeilegung zwischen Investor und
Staat **findet** auf Marktzugangsbestimmungen **keine** Anwendung. Diese Marktzugangs-
verpflichtungen können erforderlichenfalls Regeln umfassen, die Leistungsanforderungen
verbieten.

Das Investitionsschutzkapitel des Abkommens sollte von allen Behörden und sonstigen
Stellen auf subzentraler Ebene (zum Beispiel Staaten oder Gemeinden) eingehalten
werden.

Öffentliches Beschaffungswesen

24. Das Abkommen wird höchst ambitioniert sein, und sein Geltungsbereich (Beschaffungs-
stellen, Bereiche, Schwellenwerte und Dienstleistungsaufträge einschließlich insbesondere
öffentlicher Bauaufträge) wird nach Möglichkeit über das Ergebnis der Verhandlungen über
das geänderte Übereinkommen über das öffentliche Beschaffungswesen hinausgehen. Mit
dem Abkommen wird das Ziel verfolgt werden, einen verbesserten beiderseitigen Zugang zu
den Beschaffungsmärkten auf allen Verwaltungsebenen (national, regional und lokal) und im
Versorgungsbereich vorzusehen, wobei die einschlägigen Arbeiten der in diesem Bereich
tätigen Unternehmen erfasst werden und eine Behandlung gewährleistet wird, die nicht
weniger günstig ist als die den im eigenen Gebiet niedergelassenen Anbietern gewährte
Behandlung. Im Hinblick auf die Verbesserung des Marktzugangs und gegebenenfalls die
Straffung und Vereinfachung der Verfahren sowie die Verbesserung ihrer Transparenz wird
das Abkommen auch Regeln und Disziplinen in Bezug auf Hemmnisse enthalten, die nega-
tive Auswirkungen auf die Beschaffungsmärkte der Vertragsparteien haben und unter anderem Auflagen hinsichtlich lokaler Inhalte und lokaler Erzeugung, insbesondere "Buy
America(n)"-Vorschriften, Ausschreibungsverfahren, technische Spezifikationen, Rechts-
behelfsverfahren und bestehende Ausnahmeregelungen, auch für kleine und mittlere Unternehmen, betreffen.

Satte Profite sind in vielen Bereichen vorstellbar: bei der Energie-versorgung sowieso, beim öffentlichen Verkehr und Transport, vom Autobahnbau bis zum Schienenverkehr, beim Bau öffentlicher Ein-richtungen, von Schulen bis zu Ämtern, im Bildungs- und Gesund-heitswesen, natürlich bei Finanzdienstleistungen und nicht zuletzt überall dort, wo öffentliche Verwaltungen selbst einkaufen, also im Beschaffungswesen von Kommunen, Landkreisen, Ländern und Na-tionalstaaten. All dies zusammen nennt man öffentliche Daseinsvor-sorge. Sie soll ein soziales Miteinander für alle ermöglichen, sie soll möglichst überall verfügbar und für alle Bürger eines Gemeinwesens bezahlbar sein.

Allein daraus ergeben sich mannigfaltige politische Einschränkun-gen. Zum Beispiel schreiben manche Gemeinden oder Landkreise vor, regionale Anbieter zu bevorzugen, sie machen bestimmte Vor-gaben, was die Produktqualität angeht, und sie erlassen Ausnahme-regelungen, wo es ihnen gerade passt.

Das soll natürlich anders werden – im Idealfall, wie ihn sich die Berater der EU-Kommission vorstellen, wären all diese Dinge bald Vergangenheit. Sämtliche öffentlichen Aufträge müssten in ganz Europa und in den USA ausgeschrieben werden, damit jeder Han-deltreibende im gesamten Wirtschaftsraum die gleiche Chance hat, den Auftrag zu bekommen. Die Aufträge müssten dann in aller Regel an den kostengünstigsten Anbieter vergeben werden, der aber nur so billig sein kann, weil er an allen Ecken und Enden spart. Bei der Qualität der zu liefernden Ware oder Dienstleistung zum Beispiel. Oder bei der Menge und Bezahlung der Mitarbeiter. Wer schon ein-mal versucht hat, einen schlecht bezahlten Paketausfahrer um einen kleinen Gefallen zu bitten oder den Mann am privatisierten Post-schalter dazu zu bringen, eine Minute nach Schalterschluss noch einen Brief anzunehmen, kann sich ungefähr vorstellen, wohin Pri-vatisierung hier führen kann.

Ein Fernsehteam des ARD-Politmagazins *Monitor* hat das im Sommer 2014 einmal genauer untersucht am Beispiel öffentlicher Krankenhäuser.[89] Die Autoren stießen dabei auf den amerikanischen Klinikkonzern UPMC, der es kaum erwarten kann, in Europa aktiv zu werden. »Für unser Unternehmen ist es überlebenswichtig, weltweit präsent zu sein«, sagt der stellvertretende Geschäftsführer vor laufender Kamera, »wir können in den USA wegen der Gesundheitsreform nicht mehr genügend verdienen. Also müssen wir jetzt nach Übersee, sonst können wir unser Geschäftsmodell nicht mehr aufrechterhalten.«[90] Amerikanische Krankenhausketten wie UPMC sind perfekt durchrationalisiert, bezahlen ihr Personal mies und verlangen viele Überstunden. Die Patienten werden mit Funkchips ausgestattet, damit man sie so wenig wie möglich betreuen muss. Die Klinikkonzerne haben sich auf Fachkrankenhäuser spezialisiert, die gut betuchte Kranke behandeln, die sich die Behandlung leisten können. Der Durchschnittsamerikaner ist auf die staatlichen Krankenhäuser angewiesen, von denen es immer weniger gibt, weil der Staat sie sich nicht mehr leisten kann.

Blüht Ähnliches auch in Europa? Das deutsche Wirtschaftsministerium sagt nein, an der öffentlichen Daseinsfürsorge wolle man durch TTIP nicht rütteln lassen. Unter Verschluss befindliche Dokumente der Verhandlungsdelegationen, die nichtsdestotrotz an die Öffentlichkeit gelangt sind, sprechen jedoch eine andere Sprache. Da wird nämlich sehr wohl überlegt, wie man auch hier den Markt öffnen kann, wie man es amerikanischen Krankenhausketten ermöglichen kann, am lukrativen Wettbewerb der privaten Gesundheitskonzerne teilzuhaben. Das TiSA-Abkommen sieht das – nach allem, was man weiß – ohnehin vor.

TiSA ist ein Freihandelsabkommen, das sich explizit mit dem immer wichtiger werdenden Dienstleistungssektor befasst. Bislang beschränkten sich Freihandelsabkommen in aller Regel darauf, entsprechend dem Artikel 1.3 des GATS-Abkommens der Welthandelsorganisation WTO nur solche Dienstleistungen zu liberalisieren, die nicht staatlicher Hoheit unterliegen. In den vergangenen Jahren gab es jedoch eine steigende Tendenz, auch bei bislang öffentlichen Dienstleistungen private Anbieter zuzulassen und vor allem ausländischen Anbietern zu ermöglichen, auf Entschädigung für entgangene Gewinne zu klagen, wenn ein Staat neue öffentliche Dienste anbietet oder bestehende erweitert. Es wird somit für Regierungen immer schwieriger, Dienstleistungen des Staates auszubauen, ohne gegen irgendwelche Freihandelsabkommen zu verstoßen und möglicherweise von einem internationalen Schiedsgericht zu hohen Schadensersatzsummen verurteilt zu werden.

Die Situation ist absurd: Anstatt das Leben für die Bewohner eines Landes besser zu machen und ihren Alltag zu erleichtern, muss eine gewählte Regierung nun darauf achten, nur ja keinem Privatunternehmen Kunden wegzunehmen, wenn sie das Wohl des Landes fördert.

Vordergründig erkennt TiSA zwar Dienstleistungen an, die »in Ausübung staatlicher Gewalt erbracht werden«, die Entscheidung, welche darunter fallen, will man aber nicht dem jeweiligen Staat überlassen. Denn diese hoheitlichen Dienstleistungen werden im grundlegenden TiSA-Text noch genauer definiert als »jede Art von Dienstleistung, die weder zu kommerziellen Zwecken noch im Wettbewerb mit einem oder mehreren Dienstleistungserbringern erbracht wird«.[91] Das gilt für nahezu jede öffentliche Dienstleistung, die damit angreifbar wird.

Und nicht nur das. TiSA hat noch ganz anderes in petto. Zum Beispiel die Zementierung einmal beschlossener Maßnahmen. Erreichen wollen die Verfechter des Abkommens das durch zwei Regelungen die Bestandteil des Vertragswerks werden sollen: eine sogenannte »Stillhalteklausel«, die bestimmt, dass der erreichte Stand von Marktliberalisierung ein für alle Mal festgeschrieben wird, und, schlimmer noch, die »Ratchet-Klausel«, die besagt, dass bisher nicht von dem Abkommen betroffene öffentliche Dienstleistungen dem Vertragswerk zumindest angenähert werden müssen, sobald Änderungen und Ergänzungen ins Haus stehen. Hat ein Mitgliedsland beispielsweise einen bestimmten Teil seiner Sozialversicherung früher einmal teilprivatisiert, so dürfte sie diesen Teil künftig nicht wieder verstaatlichen, weil das TiSA widerspräche – selbst wenn sich die Privatisierung in der Zwischenzeit als völliger Unsinn herausgestellt hätte. Schließlich gibt es noch eine dritte Regelung, die ins TiSA-Abkommen aufgenommen werden soll. Demnach sollen auch sämtliche neuen Dienstleistungen – also auch solche, die es noch gar nicht gibt und die noch gar nicht erfunden sind – den Regelungen von TiSA entsprechen.

Damit wäre man nun endgültig bei einer neoliberalen Diktatur über nahezu alle Arten von Dienstleistungen angelangt. So etwas kann eigentlich nur gutheißen, wer den freien Markt als etwas Gottgleiches ansieht, dem alles andere zu unterwerfen sei.

Leider lehrt die Menschheitsgeschichte, dass nur weniges so absurd ist, dass es überhaupt keine Anhänger findet. Trotzdem ist erstaunlich, dass sehr viele demokratisch gewählte Regierungen sich offenbar dazu bereitfinden, über solche abstrusen Regelungen nachzudenken. Denn letztlich bedeuten diese Klauseln nichts anderes als die praktische Handlungsunfähigkeit ganzer Staaten. Eine stramm neoliberale Regierung, die nur ein paar Jahre an der Macht ist, könnte mittels Privatisierungen theoretisch vollendete Tatsachen für viele Jahrzehnte oder gar Jahrhunderte schaffen. Ganz einfach deshalb, weil niemand diese Privatisierungen mehr rückgängig machen dürfte.

In diesen Bestimmungen offenbaren sich jedenfalls eine merkwürdige Hybris und ein Glaube an die eigene Unfehlbarkeit, wie es ihn nicht einmal mehr in der katholischen Kirche gibt. Denn natürlich wissen alle Politiker, die vom möglichen eigenen Erfolg noch nicht völlig verblendet sind, dass Regierungshandeln viel mit Versuch und Irrtum zu tun hat, dass man sehr wohl in voller Überzeugung etwas beschließen kann und Monate oder Jahre später dann einsehen muss, dass das gewünschte Ziel so nicht zu erreichen ist. Dann muss man eben umdenken und Entscheidungen möglicherweise auch wieder rückgängig machen. In vielen politischen Denkschulen ist das völlig normal. Im Neoliberalismus, dem großen Vereinfacher nicht nur wirtschaftlicher Sachverhalte, ist das offenbar nicht vorgesehen. Jedenfalls nicht, wenn man Geist und Inhalt von Vertragswerken wie TTIP oder TiSA betrachtet.

Möglicherweise sind sie aber auch der vorläufig letzte Versuch, diese Ideologie noch einmal über alles zu setzen und für alle Zeiten zum Maß aller Dinge zu machen. Denn im wahren Leben haben viele ja inzwischen erkannt, dass zügellose Liberalisierung und vor allem Privatisierung nicht ins Reich der Seligen führen.

Im Gegenteil. Für viele Kommunen auf der gesamten Welt hat sich zum Beispiel die Privatisierung von Wasserversorgung, Verkehrsunternehmen, Energieversorgern, Gesundheitsdienstleistern und Abfallentsorgern schon bald als Irrweg erwiesen. Zahlreiche Kommunalverwaltungen gehen deshalb inzwischen wieder den umgekehrten Weg einer sogenannten »Rekommunalisierung«. Dieser Weg ist oft nicht ganz unkompliziert, weil die privaten Versorger natürlich ihr Geschäft gern behalten wollen, aber wenn der politische Wille da ist, dann sind solche Privatisierungen durchaus umkehrbar.

Und die Gegenbewegung zur Privatisierungswelle der Achtziger- und Neunzigerjahre des vergangenen Jahrhunderts wird immer stärker. Seit einigen Jahren gibt es wieder vermehrt Neugründungen von Stadtwerken, weil viele Kommunen unzufrieden sind mit den Leistungen der privaten Energieversorger. Die haben in aller Regel hohe Stromkosten und setzen kaum einmal auf erneuerbare Energien, weil das finanziell zu wenig bringt. Und deshalb beschließen viele Gemeinden, die Energieversorgung wieder in die eigene Hand zu nehmen. Solange es TiSA mit dem faktischen Verbot von Rekommunalisierungen noch nicht gibt, ist das jederzeit möglich.

Die entscheidende Frage aber lautet: Werden die Regierungen von mehr als 50 Staaten tatsächlich so dumm sein, die Rückführung von Betrieben der öffentlichen Daseinsvorsorge in die Hände von Städten und Gemeinden ein- für allemal auszuschließen? Wenn ja, dann würde TiSA Wirklichkeit werden.

Wie Jobs sich wirklich auszahlen

*Beispiel Arbeit: Sozialgesetze stören beim Geldverdienen –
im freien Handel soll aber alles einfacher werden*

Man wird ja wohl noch träumen dürfen: Ein Freihandelsabkommen
würde es ermöglichen, im gesamten Vertragsgebiet neue soziale Standards und Arbeitnehmerrechte festzuschreiben. Denn die Bedingungen, unter denen da Handel getrieben, Dienste geleistet und Waren
hergestellt werden, müssen ja möglichst überall gleich oder doch
zumindest vergleichbar sein, damit die ganze Sache funktionieren
kann. Und deshalb könnten künftig auch die Arbeitnehmer in den
USA in den Genuss eines Kündigungsschutzes kommen, wie er
derzeit in Deutschland gilt. Sie könnten künftig wieder problemlos
Gewerkschaften gründen, die dann wieder Tarifverträge für ihre
Mitglieder aushandeln könnten.

All das ist derzeit nämlich gar nicht so einfach in den Vereinigten
Staaten und wird von den Arbeitgebern oft mit ruppigen Methoden
verhindert. So haben die Beschäftigten in den USA deutlich weniger Urlaub, sind bei den Arbeitszeiten und beim Gesundheitsschutz
deutlich schlechter gestellt als ihre europäischen Kollegen, und über
Mitbestimmung muss man gar nicht erst reden.

Aber nicht nur die breite Masse der Amerikaner könnte von
einem Freihandelsabkommen profitieren. Auch in Europa liegt vieles im Argen, die Globalisierung hat auch hier die Lage der Beschäftigten verschlechtert: weil Arbeitsplätze in Billiglohnländer abge-
wandert sind, weil Leiharbeiter und Werkvertragsbeschäftigte eine
günstige Alternative für Unternehmen sind und eine willkommene
Gelegenheit, Druck auf Belegschaften auszuüben und Lohnkosten zu
senken. Ein Freihandelsabkommen könnte hier ganz neue Standards

setzen, schließlich wird es von den Regierungen ausgehandelt und nicht von den Industrieverbänden und Unternehmervereinigungen.

Von so etwas könnte man schon träumen, doch Träume sind beim TTIP und anderen Freihandelsabkommen für andere reserviert. Die Passagen über Soziales und Arbeitnehmerrechte in diesen Verträgen sind recht übersichtlich, meist handelt es sich um Appelle an das gute Gewissen. Während die sogenannten Handelshemmnisse verbindlich abgebaut werden müssen, hat man es hier mit unverbindlichen Wünschen zu tun: Bitte, liebe Firmen und Konzerne, seid doch nett zu euren Mitarbeitern! Rein juristisch betrachtet ist das nicht viel vertrauenswürdiger als das Motto des Internet-Konzerns Google: »Don't bei evil«, sei nicht böse, das man angesichts von Googles Umgang mit dem Datenschutz durchaus sarkastisch finden kann.

Aus Sicht der Unternehmensführungen gibt es hingegen im Freihandel reichlich Stoff zum Träumen. So müssen die jeweiligen Unterzeichnerstaaten die problemlose Einreise ausländischer Arbeitnehmer erlauben, wenn diese in dem jeweiligen Unterzeichnerstaat für eine dort einheimische Firma arbeiten. Auf diese Weise lassen sich nationale Arbeitsrechte und Tarifverträge umgehen – indem man nämlich das Arbeitsrecht und die Tarifverträge des Landes anwendet, aus dem die entsandten Beschäftigten kommen. So wird Leiharbeit billig.

Und dann gibt es da noch völlig neue Märkte, an die bisher gar nicht zu denken war. »Dienstleistungsfreiheit« klingt erst einmal ganz harmlos, ist aber für internationale Unternehmen ein gewaltiger, noch weitgehend unerschlossener Markt. Der reicht vom öffentlichen Nahverkehr über das Bildungswesen und die Gesundheitsversorgung bis zur Müllabfuhr und Wasserversorgung, vom Transport aller Art über die Arbeitsvermittlung bis hin zu Banken und Kapitalverkehr und zur sogenannten »öffentlichen Beschaffung«, also dem Einkauf all jener Waren, die Gemeinden, Länder und Staaten brauchen und verbrauchen. Vieles davon ist heute noch staatlich oder kommunal geregelt, besonders in den EU-Staaten, mal werden regionale Unternehmen und Betriebe bevorzugt, mal gibt es ethische Einschränkungen, wie etwa den Verzicht auf Produkte aus Kinderarbeit oder aus nicht fairem Handel. All diese Dinge liegen im politischen Ermessen. Würden sie vereinfacht und vereinheitlicht, sprich: »liberalisiert«, dann entstünde ein riesiger Markt. Deutsche oder französische Unternehmen könnten die Wasserversorgung in Montana erledigen, Engländer die Müllabfuhr in München, und Texaner könnten sich um die Universitäten in Rumänien kümmern. All das ist momentan noch nicht denkbar, dagegen stehen Gesetze und Verordnungen.

Aber sind diese ganzen nationalen Bestimmungen nicht letztlich auch nur »Handelshemmnisse«? Man könnte sich doch auf ein paar Grundprinzipien einigen, die heute schon überall gelten. Alles andere könnten die einzelnen Länder in Eigenregie bestimmen. Länder, die etwas Besonderes wollten, müssten dann eben darauf achten, dass sie wettbewerbsfähig bleiben.

So denken sich das jedenfalls die TTIP-Enthusiasten. Es ist allerdings wieder einmal die alte Geschichte vom Markt, der in seiner unergründlichen Weisheit schon alles regeln werde. In der Praxis geht die Tendenz jedoch eher zum kleinsten gemeinsamen Vielfachen. Was bedeutet: Ein Abkommen für den Handel, das die Unternehmen begünstigt, wird gewiss nicht zum Ausbau von Arbeitnehmerrechten führen, sondern im Gegenteil dazu, die niedrigsten Standards, die irgendwo im Geltungsbereich des Abkommens bestehen, auch in den übrigen Gebieten festzuschreiben.

Die USA als Vorbild für Arbeitsnormen?

Im Fall von TTIP und der anderen Abkommen im westlichen Wirtschaftsraum heißt das, die in Amerika gültigen Standards könnten damit auch im Rest der Welt durchgesetzt werden. Diese Standards sind aber bekanntlich nicht besonders hoch. Und zwar nicht nur, was die Zahl der Urlaubstage angeht. Der Haken an der Sache ist eben, dass das, was in dem einen Staatenbund gilt, möglichst auch im anderen gelten sollte. Man müsste also auf einen gemeinsamen Nenner kommen. Die Ansprüche an Gerechtigkeit in der Arbeitswelt können dann steigen oder sinken – je nachdem, auf welche Standards man sich einigt und welche man für nötig erachtet.

In den USA sind die Ansprüche an Fairness und Gerechtigkeit im Arbeitsleben niedrig. Das hat viel mit der Stellung der Gewerkschaften zu tun, die in den USA traditionell sehr schwach ist. Noch in den Siebzigerjahren des vergangenen Jahrhunderts waren aber immerhin etwa 25 Prozent der Beschäftigten in der Privatwirtschaft Mitglied einer Gewerkschaft. Die verschiedenen republikanischen Regierungen unter Bush Senior und Junior haben das jedoch gründlich geändert. Im Jahr 2012 waren in der Privatwirtschaft nur noch 6,6 Prozent der Arbeiter gewerkschaftlich organisiert, so das amerikanische Bureau of Labour Statistics. In manchen Bundesstaaten, speziell im konservativen Süden, gibt es so gut wie keine Gewerkschaften – unter anderem ein Grund, warum ausländische Unternehmen dort besonders gerne investieren, denn die Löhne dort sind im Schnitt um zehn Prozent niedriger. Vorne mit dabei sind vor allem deutsche Investoren: Mercedes lässt Autos in Alabama bauen, Volkswagen in Tennessee und BMW in South Carolina. Gerade deutsche Unternehmen tun sich übrigens durch einen »kompromisslosen Anti-Gewerkschaftskurs« hervor, so die gewerkschaftseigene Hans-Böckler-Stiftung. Für Schlagzeilen sorgte auch in Deutschland die amerikanische T-Mobile-Tochter der Deutschen Telekom AG, die die Wahl eines Betriebsrats mit massiven Behinderungen und Einschüchterungen bekämpfte, letztlich erfolgreich, weil die Beschäftigten am Schluss gegen die Einrichtung eines Betriebsrats stimmten. Ähnlich verhielt sich der Logistikkonzern Deutsche Post-DHL, der amerikanische Gewerkschaftsaktivisten bespitzeln ließ und an der Verteilung von Flugblättern hinderte. Auch andere deutsche

Konzerne gelten als gewerkschaftsfeindlich, etwa Thyssen-Krupp, Bosch und Siemens.[92]

Allerdings sind die deutschen Großkonzerne da keine große Ausnahme, im Gegenteil. In den USA arbeiten die Unternehmen mit harten Bandagen, wenn es gegen Gewerkschaften geht. Oft engagieren sie spezielle Kanzleien, sogenannte »Union Busters«, die verhindern sollen, dass in den Betrieben Arbeitnehmervertretungen entstehen. Das amerikanische Recht kennt nämlich kein landesweites System der Betriebsverfassung wie in Deutschland und auch keine flächendeckenden Tarifverträge. Wenn die Gewerkschaften in einem Betrieb eine Arbeitnehmervertretung haben wollen, müssen sie hohe Hürden überwinden. Sie müssen eine Urabstimmung bei der nationalen Arbeitsbehörde NLRB, dem National Labour Relations Board, beantragen. Diese Behörde, unter US-Präsident Ronald Reagan zum unternehmerfreundlichen Apparat umgewandelt, lässt dann ein Bürokratiemonster von der Leine. Die Gewerkschaften müssen hundertseitige Formulare ausfüllen, in denen sie zum Beispiel über die finanziellen Verhältnisse ihrer Hauptamtlichen ebenso Auskunft geben müssen wie über aufgenommene Kredite. Die Gegenseite wiederum hat mannigfaltige Möglichkeiten zum Widerspruch. Und so kann es Monate, manchmal sogar Jahre dauern, bis ein Antrag auf eine solche Urabstimmung genehmigt wird. Kommt sie dann zustande, muss die Mehrheit der Arbeitnehmer zustimmen. Erst danach hat die Gewerkschaft das Recht, mit der Unternehmensleitung einen Haustarifvertrag auszuhandeln und abzuschließen.

Oft genug kommt es gar nicht dazu. So hatten die Gewerkschaften zum Beispiel jahrelang auf die Urabstimmung im Volkswagen-Werk von Chattanooga, Tennessee, im Februar 2014 hingearbeitet. Unterstützt vom Konzernbetriebsrat des größten deutschen Unternehmens und der Zentrale der United Automobil Workers (UAW), hatte man auf einen historischen Sieg gehofft, doch vergeblich: Mit 712 zu 626 Stimmen votierten die Arbeitnehmer gegen einen

Betriebsrat – eine Entscheidung, die in Europa kaum jemand v
steht. Was können Arbeitnehmer schon gegen eine Interessenvertre-
tung haben?

Warum die Abstimmung so ausging, wird klarer, wenn man mehr
über die Umstände erfährt. Denn im Vorfeld war massiv Stimmung
gegen die Gewerkschaft gemacht worden. Der republikanische Gou-
verneur von Tennessee hatte ebenso wie einige republikanische Senatoren damit gedroht, im Falle eines Votums für die Gewerkschaft
dreistellige Millionensubventionen für die Erweiterung des VW-
Werks zu streichen. Und das »Zentrum für Arbeiterfreiheit« (Center
for Workers Freedom) hatte in der Gegend riesige Tafeln aufstellen
lassen mit der Botschaft: »Die UAW hat die Autoproduktion in
Detroit zerstört.« Die Vereinigung mit dem klassenkämpferischen
Namen wird getragen von Konzernen wie Google, dem Investment-
fonds Blackstone, bekannt als besonders skrupellose Heuschrecke,
und Koch Industries, einem der Hauptfinanziers der stockkonserva-
tiven Tea-Party-Bewegung.

Die möglichen Schikanen gegen Gewerkschafter sind ohnehin
vielfältig – eine große Spielwiese für die »Union Busters« tut sich da
auf.[93] Zu ihnen gehören große Kanzleien wie das »Labor Relations
Institute« (LRI), die Burke Group und Jackson-Lewis. Sie bezeichnen sich ganz offen als »union avoidance firms«, als »Gewerkschafts-
Vermeidungs-Kanzleien«. Sie spielen auf der gesamten Klaviatur der
Öffentlichkeitsarbeit, verteilen Flugblätter, produzieren Werbevideos,
sammeln Unterschriften gegen die Gewerkschaft und halten auf den
verbindlich vorgeschriebenen Betriebsversammlungen Vorträge über
die Nachteile, welche die gewerkschaftliche Organisierung angeblich mit sich bringt. Manager werden von ihnen eigens für Vier-
Augen-Gespräche mit Mitarbeitern geschult. Bisweilen stellen sie
auch Sicherheitsleute, die vor den Betriebstoren jeden fotografieren
und namentlich erfassen, der ein Flugblatt der Gewerkschaften ent-
gegennimmt.

Diese Art der Einschüchterung funktioniert gut, und wenn das alles nichts hilft, dann wird den Gewerkschaftsaktivisten einfach gekündigt. Das ist zwar eigentlich nicht erlaubt, aber weil es in Amerika legal ist, Arbeitsverhältnisse beidseitig ohne Begründung von einer Sekunde auf die andere zu beenden, nennen die Unternehmen eben einfach keinen Grund für die Entlassung.

Künftig weniger Rechte auch in Europa?

Derlei klingt höchst ungewohnt für Arbeitnehmer in Westeuropa und speziell in Deutschland. Hier kann das Unternehmen einen Beschäftigten nicht so ohne Weiteres feuern, und Betriebsräte müssen zumindest angehört werden oder haben gar ein Mitbestimmungsrecht. »Deutsche Gewerkschafter und Betriebsräte machen sich oft nicht klar«, sagt etwa Thomas Greven, Privatdozent an der Freien Universität Berlin, »unter welch gewerkschaftsfeindlichen Bedingungen – institutionell, gesellschaftlich und politisch – amerikanische Unions im ›Land der Freiheit und Demokratie‹ operieren.«[94] Und Richard Trumka, Vorsitzender des amerikanischen Gewerkschaftsdachverbands AFL/CIO, sagt: »Das europäische Sozialsystem ist dem amerikanischen weit überlegen. Auch der Lebensstandard in Europa ist höher. Wir wären glücklich, hätten wir beispielsweise die Mitbestimmungsrechte europäischer Beschäftigter.«[95]

Angesichts dieser Rechtslage und des starken unternehmerischen Übergewichts ist klar, warum die USA nur wenige der Kernarbeitsnormen anerkennen, die von der Internationalen Arbeitsorganisation ILO (International Labour Organization) 1998 in ihrer »Erklärung über die grundlegenden Prinzipien und Rechte bei der Arbeit« aufgestellt und von allen Mitgliedsstaaten einstimmig angenommen worden sind. Die ILO ist keine gewerkschaftliche Einrichtung, wie man vermuten könnte, vielmehr handelt es sich um eine Organisation der Vereinten Nationen, an der sowohl Regierungsvertreter als auch Vertreter von Gewerkschaften und Arbeitgeberverbänden

beteiligt sind, die allesamt kaum sozialistischer Umtriebe verdächti,
sind. Zu den wichtigsten dieser Kernarbeitsnormen zählen das Recht
von Arbeitnehmern und Arbeitgebern, sich zu Organisationen und
Interessenvertretungen zusammenzuschließen (Vereinigungsrecht),
das Recht auf Kollektivverhandlungen (zum Beispiel über Tarif-
löhne), das Verbot der Zwangsarbeit und der Diskriminierung sowie das Verbot der Kinderarbeit.

Die USA haben von diesen Kernnormen nur zwei unterzeichnet,
welche die Abschaffung der Zwangsarbeit als Disziplinarmaßnahme
und die Abschaffung der schlimmsten Formen von Kinderarbeit
betreffen. Ein Mindestalter für den Eintritt in ein Arbeitsverhältnis
wollten die Vereinigten Staaten ebenso wenig akzeptieren wie die
generelle Abschaffung von Zwangs- und Pflichtarbeit, die Koali-
tionsfreiheit und das Recht auf kollektiv verhandelte Tarifverträge,
das Verbot von Diskriminierung und die Forderung nach gleichem
Lohn für Mann und Frau.

Nicht viel anders verhält es sich übrigens mit einem zweiten Nor-
menpaket der ILO, das sich allerdings konkret auf technische Dinge
bezieht und bis heute exakt 177 Positionen umfasst. Die USA haben
davon nur elf anerkannt. Die nicht ratifizierten Positionen betreffen
unter anderem den Schutz von Arbeitnehmern vor Verstrahlung,
Lärm und Giftstoffen, die Rechte von Einwanderern, Hausangestell-
ten und Landarbeitern sowie den Mutterschutz und die Nacht- und
Teilzeitarbeit.[96] Auf der anderen Seite gibt es in den USA teils sehr
strenge Gesetze gegen Diskriminierung aufgrund von Rasse, Haut-
farbe, Geschlecht oder Religion.

Es droht der Verlust des Erreichten

Wie der Mitgliedsstaat USA mit den ILO-Normen umgeht, gibt
Hinweise darauf, wie dort die gesellschaftliche Realität aussieht und
was Arbeitnehmern blühen könnte, wenn die TTIP-Verhandlungs-

führer sich auf die niedrigsten gemeinsamen Standards verständigen. Im Entwurf des Freihandelsabkommens wird das natürlich nicht gefordert. Eher im Gegenteil, auf den ersten Blick jedenfalls. Da wird eher appelliert, an die Einhaltung sozialer Mindeststandards zum Beispiel. Aber solche Appelle sind rechtlich nicht bindend. Die Einhaltung fairer Regeln bei der Beschäftigung von Arbeitnehmern können diese nämlich nicht einklagen. Für sie sind keine internationalen Schiedsgerichte abseits der herkömmlichen Rechtsprechung vorgesehen. Arbeitnehmer können sich auch mit den neuen Freihandelsabkommen ihr Recht nicht kaufen, wie die großen Konzerne es können. Heimliches Ziel der Abkommen ist es ja gerade, die Kosten zu senken, die den Handel bremsen. Und zu diesen Kosten zählen nun mal auch Löhne.

Um diese niedrig zu halten, wird schon jetzt oft ein enormer Aufwand betrieben – vor allem in Branchen, die ohnehin nicht durch üppige Bezahlung auffallen. Ein bekanntes Beispiel sind die Zustände in vielen deutschen Großschlachthöfen. Dort hat man, um Tarifverträge zu umgehen, lange Zeit Werkverträge für einzelne Betriebsteile an Subunternehmer vergeben, die oft in Billiglohnländern sitzen und die wiederum Personal von Subunternehmern anheuern, bis ein kaum noch zu entwirrendes Geflecht von Firmen entstanden ist. Am Ende der Kette stehen schlecht oder kaum angelernte Schlachter, die für Hungerlöhne arbeiten, weil es in ihren Herkunftsländern so gut wie keine Arbeit gibt. Untergebracht sind sie meist in Gemeinschaftsunterkünften billigster Machart, und auf Sicherheits- und Hygienevorschriften wird nicht sonderlich geachtet. Staatliche Kontrollen sind zwar jederzeit möglich und vorgesehen, aber die Aufsichtsbehörden sind überfordert und haben zu wenig Personal, um wirkungsvoll kontrollieren zu können.

Solche Auswüchse will man vermeiden durch einen vom Staat vorgeschriebenen Mindestlohn, wie er mittlerweile auch in Deutschland nach einer quälend langen Diskussion beschlossen worden ist – wenn auch mit einigen nicht unerheblichen Ausnahmen. Von der betroffenen Arbeitgeberseite kam der Vorwurf, durch den Mindest-lohn von 8,50 Euro würden komplette Branchen existenzunfähig gemacht.

Zeitweise konnte man den Eindruck gewinnen, die deutsche Wirtschaft müsste komplett zusammenbrechen, wenn tatsächlich alle hier arbeitenden Menschen so bezahlt würden, dass sie davon auch leben können. Was ein merkwürdiges Licht auf das Funktio-nieren unseres Wirtschaftssystems wirft. Schließlich ging es ja nicht darum, eventuell vorhandene Reichtümer großflächig unters Volk zu werfen. Vielmehr sollte die Anhebung auf 8,50 Euro dafür sorgen, dass Menschen ihr Gehalt nicht mehr durch Sozialhilfe, sprich: Hartz IV, aufstocken müssen, obwohl sie Arbeit haben.

Mindestlöhne sind an und für sich nichts Besonderes, es gibt sie in vielen Staaten – allerdings in recht unterschiedlicher Höhe. Der Mindestlohn in den USA beträgt zum Beispiel 7,75 US-Dollar, das entspricht etwa 5,32 Euro. Allerdings gibt es eine Reihe von Ausnah-men, sodass teilweise ganz legal nur 2,13 US-Dollar gezahlt werden. Immerhin steht nicht zu befürchten, dass durch Freihandelsabkom-men die Höhe des gesetzlichen Mindestlohns herabgesetzt werden könnte. Auch wenn man natürlich einwenden könnte, dass ein hö-herer Mindestlohn in einem Land ein Hindernis für Investitionen darstelle und er deshalb in dem gesamten gemeinsamen Handels-raum gleich sein müsse.

Wahrscheinlicher ist da schon das, was Jürgen Urban, Vorstands-mitglied der deutschen Industriegewerkschaft Metall, in Sachen Min-destlohn[97] unter dem TTIP befürchtet. Wenn in irgendeiner Branche ein Mindestlohn eingeführt werde, weil die Gewerkschaft ihn in Tarifverhandlungen durchgesetzt hat, dann könnten künftig auslän-dische Unternehmen dagegen klagen. Weil sie angeblich nur deshalb investiert haben, weil es keinen Mindestlohn gab. Man hätte es ein-mal mehr mit einer »Entschädigung für entgangene Gewinne« zu tun. Regierungen würden es sich künftig zweimal überlegen, bevor sie bestimmte Branchen mit Mindestlöhnen ausstatten.

Das Ganze ist übrigens keineswegs das theoretische Konstrukt hysterischer Gewerkschafter. Es gibt Beispiele. So hat der französische Energie- und Versorgungskonzern Veolia den ägyptischen Staat vor einem internationalen Schiedsgericht bei der Weltbank in Washington aus genau diesem Grund auf Schadensersatz verklagt. Veolia betreibt nämlich in der Großstadt Alexandria die kommunale Müllentsorgung, die dort nach dem Vorbild vieler westlicher Staaten privatisiert worden ist. Als Ägypten den gesetzlichen Mindestlohn von 41 auf 72 Euro im Monat anhob, reichte Veolia Klage ein wegen entgangener Gewinne. Der neue Mindestlohn verstoße gegen ein Freihandelsabkommen, nach dem ausländische Investoren freien Zugang zu Dienstleistungen haben müssten und durch gesetzliche Auflagen nicht behindert werden dürften.

Billige Arbeit statt guter Jobs

Ein erkennbares Ziel von Freihandelsabkommen jedweder Couleur ist es, Arbeit billiger zu machen, auch wenn das auf den ersten Blick nicht immer gleich zu erkennen ist. Ein nicht unwichtiger Aspekt ist zum Beispiel die besondere Art von Arbeitnehmerfreizügigkeit, die in vielen Freihandelsabkommen verankert ist. Es geht dabei selbstverständlich nicht darum, Menschen beliebig von einem Land ins andere reisen zu lassen, nur weil sie hoffen, dort vielleicht Arbeit zu finden. Das wäre zwar durchaus auch ein freier (Arbeits-)Markt, aber zum Beispiel Regionalparteien wie der bayerischen CSU, die jeden Neuankömmling im Freistaat sofort des Sozialbetrugs verdächtigt, nicht vermittelbar. Nein, in einer durchliberalisierten Handelszone bedeutet die Freizügigkeit von Arbeitnehmern, dass ein Unternehmen, welches in einem bestimmten Land investieren will, auch seine Arbeitnehmer problemlos dorthin mitnehmen kann, wenn es das will – Hauptsache, sie sind seinem Unternehmen zuzuordnen. In der Praxis könnte das bedeuten: Leiharbeit wird einfach internationalisiert. Über eine Tochter in einem Land, wo Arbeit noch billig ist, könnte ein Unternehmen billige Arbeitskräfte anheuern und diese dann in ein Hochlohnland exportieren, denn sie gehören ja zu dem Unternehmen, und dem darf man nicht verwehren, seine Arbeitskräfte mitzubringen.

Noch einen Schritt weiter würde das Freihandelsabkommen für Dienstleistungen namens TiSA gehen. Danach sollen sämtliche Dienstleistungen in dem gesamten Handelsraum aus mehr als 50 Staaten angeboten werden dürfen – von ein paar noch festzulegenden Ausnahmen abgesehen. Wer Arbeitskraft günstig anbieten kann, würde also auch in einem teuren Land zum Zuge kommen. Man könnte dann etwa billige Leiharbeiter in Hochlohnländer holen, statt die Produktion in Billiglohnländer zu verlagern: ein neuer Meilenstein der Globalisierung.[98]

Man kann sich unschwer ausmalen, wohin das führen würde. Wenn Dienstleistungen weltweit immer billiger werden, können die Löhne im Dienstleistungsbereich eines bestimmten Landes natürlich nicht steigen, und ein großer Teil des Personals dort wird dann ja eigentlich auch nicht mehr benötigt. Arbeit wird damit immer weniger wert, und das in Branchen, die auch noch hohe Wachstumsraten vorweisen können, wie etwa Warentransport, Finanzdienstleistungen, Gesundheits- oder Verkehrswesen. Die Folgen eines ganz und gar ungeregelten Marktes im Dienstleistungssektor lassen sich schon heute beobachten, nämlich im Internet. Die Summen, die es zum Beispiel bei Jobs zu verdienen gibt, die auf Teamarbeit im Netz von verschiedenen Orten aus basieren (Cloudworking) oder auf Plattformen, die eine Art PC-Heimarbeit anbieten, wie Amazon Mechanical Turk, sind kläglich. Mehr als zwei US-Dollar pro Stunde ist nur selten drin.

Aber genau dorthin geht die Reise zurzeit. Man kann nur hoffen, dass es den Gewerkschaften diesseits und jenseits des Atlantiks gelingt, das Ruder noch herumzureißen. Richard Trumka vom amerikanischen Gewerkschafts-Dachverband war im Mai 2014 noch zuversichtlich: »Es wird gemeinsame Forderungen von unseren Gewerkschaften geben«, sagte er damals der Wochenzeitung *Die Zeit,* »werden die erfüllt, unterstützen wir TTIP. Sonst nicht.«[99] Und sein deutscher Kollege, der DGB-Vorsitzende Reiner Hoffmann, forderte unter anderem »einen starken Schutz der öffentlichen Daseinsvorsorge«.[100] TTIP dürfe nicht durch die Hintertür zur weiteren Privatisierung führen. Im Abkommen müsse klar stehen, wofür es gelte – auf alle anderen Bereiche dürfe man es nicht anwenden. Das haben sich die Erfinder des Freihandels anders vorgestellt. Ihnen geht es aber auch nicht um den Schutz oder gar den Ausbau von Arbeitnehmerrechten – denn die gelten als Handelshemmnisse.

Kein Wunder also, dass die Skepsis insbesondere bei den US-Gewerkschaften, die schon einiges mitgemacht haben, groß ist. »Bisherige Abkommen dieser Art haben zu steigender Einkommensungleichheit und zu stagnierenden oder sinkenden Löhnen geführt«, stellte der AFL/CIO bereits 2013 zu Beginn der TTIP-Verhandlungen fest.[101] Laut Umfragen sind in den USA ohnehin 80 Prozent der Bürger davon überzeugt, dass Handelsabkommen nur zu einem niedrigeren Lebensstandard führen.

Aus Schaden wird man eben klug.

Freie Hand für Zocker

*Beispiel Kapitalmarkt: Warum die internationale Finanz-
und Bankenwirtschaft TTIP unbedingt haben will*

Noch Anfang 2008 waren unverbesserliche Optimisten der Meinung, nach der internationalen Finanzkrise müssten die Protagonisten der internationalen Bankenwelt doch eigentlich begriffen haben,
dass in der Vergangenheit allerhand schiefgelaufen ist. Sonst wäre
ein derartiges Desaster gar nicht möglich gewesen. Es hätte ja sein
können, dass selbst die eifrigsten Prediger des Neoliberalismus kurz-
zeitig ins Grübeln gekommen wären und darüber nachgedacht hätten, ob die schrankenlose Liberalisierung der Märkte vielleicht doch
nicht der Weisheit letzter Schluss ist, sondern im Gegenteil der Ur-
grund allen Übels. Für die überwältigende Mehrheit der Menschen
jedenfalls.

Das ist aber nicht geschehen. Oder nur ganz kurz. Oder nur bei
einigen wenigen.

Im Sommer 2014, sieben Jahre nach der weltweiten Finanzkrise,
war keinerlei Zerknirschung mehr zu verspüren in der Branche. Im
Gegenteil. Statt Kontrolle und Beschränkung standen die Zeichen
allenthalben auf weiterer Liberalisierung und Deregulierung. So
stellte es sich jedenfalls die Finanzbranche vor, was die Verhandlungen über das Freihandelsabkommen anging. Man wollte auf keinen
Fall ein Verbot riskanter Finanzprodukte und der damit verbundenen Dienstleistungen. Besser wäre es etwa zu verbieten, dass einzelne Staaten Gesetze erlassen, die den Finanzdienstleistern zu enge
Beschränkungen auferlegen. So etwas will die Branche nicht, und
deshalb will sie zumindest die Möglichkeit haben, solche Gesetze
anzufechten.

Vordergründig begnügt man sich heute jedenfalls noch mit Rahmenvereinbarungen, die in dem neuen Freihandelsabkommen die Finanzdienstleistungen regeln bzw. gerade nicht regeln sollen. Ginge es nach den Banken, würden einige Regulierungen im TTIP von vornherein ausgeschlossen werden. Man kann sich bestenfalls einen kleinsten gemeinsamen Nenner vorstellen. Und der soll das ausschließen, was den Finanzsektor seit Kurzem daran hindert, auch mit riskanten Produkten ungehemmt Geld zu verdienen.

»Mehr Freiheiten!«, lautet die Zauberformel, mit der sich die Bankenwelt von Auflagen befreien will, die ihr nach der großen Finanzkrise auferlegt worden sind. Die Finanzindustrie hofft, über Freihandelsabkommen Regulierungen loszuwerden und ihre Dienstleistungen künftig leichter an die Kundschaft zu bringen. Beispiel TTIP: Hier sollen nahezu alle Arten von Finanzdienstleistungen erfasst werden, von der Kreditvergabe bis zur Zahlungsabwicklung, von Versicherungen aller Art und deren Vertrieb bis zu Leasing, Kreditkarten, Garantien und Bürgschaften, dem Handel mit Wertpapieren und allen möglichen Derivaten, Währungsgeschäften, Fondsverwaltung, Clearing und Analyse von Finanzdaten, Finanzierung von Firmen oder von Fusionen und Firmenaufkäufen, kurz, all das, was in den vergangenen Jahren durch allerlei Regulierungen eingeschränkt worden ist, um eine weitere weltweite Finanzkrise wie im Jahr 2007 zu verhindern. Und die Banken hoffen, sich mittels TTIP von diesen Fesseln befreien zu können. Denn selbstverständlich handelt es sich auch hier um »Handelshemmnisse«. Woraus man allerdings auch ersehen kann, dass diese mitunter durchaus sinnvoll sein können.

Die Banken und Finanzdienstleister sehen das natürlich anders. Und wenn man sich die Agenda der EU-Kommission für die TTIP-Verhandlungen durchliest, stellt man fest, dass man hier durchaus bereit zu sein scheint, der Finanzwelt entgegenzukommen. Noch ist nicht klar, ob man der angestrebten Liberalisierung mit einer Negativliste oder einer Positivliste zum Durchbruch verhelfen will. Negativliste heißt, die beteiligten Länder geben an, welche Bereiche nicht liberalisiert werden sollen. Positivliste bedeutet, es wird aufgeführt, welche Bereiche liberalisiert werden sollen. Die Negativliste ist deutlich besser für die Finanzdienstleister, weil alles, was dort nicht auftaucht, automatisch dereguliert würde und weitere Einschränkungen so gut wie untersagt wären. Und weil die sogenannte »Inländerbehandlung« greift, müssen dann auch ausländische Institute genauso behandelt werden wie die einheimischen.

Besonders interessant ist das für Banken und Finanzdienstleister, die auf dem US-amerikanischen Markt tätig sind. Und das sind praktisch alle Großen, denn der Finanzmarkt der Vereinigten Staaten ist der weltweit wichtigste. Dort nicht vertreten zu sein, kann sich keine Bank und kein Finanzdienstleister erlauben.

Ein Angriff auf strenge amerikanische Regeln

Im Visier stehen diesmal also ganz besonders die USA. Denn die haben inzwischen eine teilweise wesentlich strengere Gesetzgebung, was Finanzprodukte angeht, als die europäischen Staaten. Im Zuge der Finanzmarktreform wurden einige Regelungen diskutiert und 2010 im Rahmen des Dodd-Frank Act beschlossen, die den Banken überhaupt nicht passen. So dürfen sie nur noch begrenzt mit geliehenem Kapital spekulieren, und sie brauchen auch ein höheres eigenes Kapitalpolster als zuvor. Nun hofft die Finanzbranche, diese Regelungen wieder kippen zu können, indem sie einen Passus im Freihandelsabkommen unterbringt, der bestimmte Arten von Gesetzen verbietet, damit sie entweder gar nicht erst verabschiedet werden oder gleich wieder aufgehoben werden müssen.

Zu diesen Gesetzen gehören etwa Kontrollen und Einschränkungen für jene Banken, die als »too big to fail«, also als »zu groß, um pleite gehen zu dürfen«, gelten. Solche Banken, sagt die US-Regierung, sollten einer besonderen Aufsicht unterworfen und verpflichtet werden, einen Plan für die eigene Insolvenz vorzulegen. Schließlich müsse im Notfall der Staat einspringen, um diese Bank zu retten. Auch jene gesetzliche Regelung, die eine deutlichere Trennung zwischen Privatkundengeschäft und Investmentbanking bei Großbanken vorschreibt, ist dem Finanzsektor ein Dorn im Auge, weil sie die Möglichkeiten des Zockens einschränkt. Und mit dem Herzstück der US-Finanzmarktreform, der »Volcker's Rule«, benannt nach dem amerikanischen Wirtschaftswissenschaftler, früheren Notenbankchef und Obama-Berater Paul Volcker, kann man sich erst recht nicht anfreunden. Volcker hatte empfohlen, jenen Banken, die in der Finanzkrise staatliche Unterstützung bekommen hatten, beim Handel mit Finanzprodukten auf eigene Rechnung – also ohne Kundenauftrag – Beschränkungen aufzuerlegen. Diese Vorschrift begrenzt ihr Wachstum und soll verhindern, dass der Staat im Fall einer erneuten Krise abermals einschreiten muss, um Pleiten zu verhindern. Auch dürfen Wall-Street-Konzerne nur noch bis zu drei Prozent ihrer Kernkapitalquote (sie bezeichnet im Wesentlichen den Anteil der durch Eigenmittel gedeckten Kredite an den Aktiva) bei Privatinvestoren und in Hedgefonds investieren. Auch für Versicherungen und Derivate-Händler gelten eigene Regeln.

Insgesamt sind diese Regeln, auch wenn sie im Zuge der Behandlung im US-Kongress noch einmal abgeschwächt wurden, wesentlich strenger als entsprechende Vorschriften in Europa, wo vor allem das Bankenzentrum London alle Hebel in Bewegung setzte, um allzu strenge Auflagen zu vermeiden. Hinzu kommt, dass die amerikanischen Behörden gegen Banken erheblich rigoroser vorgehen als die Europäer, wenn sie gesetzeswidriges Verhalten vermuten. Das liegt vor allem an der herausgehobenen Stellung der Generalstaatsanwälte in den USA. Die werden in den einzelnen Bundesstaaten fast immer direkt vom Volk gewählt, haben oft Ambitionen auf höhere politische Ämter und gehen allein schon deshalb gern an die Öffentlichkeit. Zudem können sie nicht nur Straf-, sondern auch Zivilklagen einreichen. Banken mögen beides nicht. Öffentlich an den Pranger gestellt zu werden schadet dem Geschäft, und Zivilklagen sind oft riskanter als Strafverfahren. Im Ergebnis einigt man sich meist auf teure, aber geräuschlose Deals vor einer Verhandlung.

Davon sind auch europäische Banken und ihre amerikanischen Niederlassungen betroffen. 2014 zahlte die Credit Suisse zum Beispiel 2,6 Milliarden US-Dollar Strafe wegen Beihilfe zur Steuerhinterziehung. Die größte Schweizer Bank, UBS, zahlte schon 2009 780 Millionen US-Dollar Geldbuße in einem ähnlichen Verfahren. Und gegen die französische BNP Paribas läuft derzeit (Herbst 2014) noch ein Verfahren wegen Missachtung von Sanktionen gegen den Iran.

Was amerikanische Banken betrifft, so erstritt die amerikanische Börsenaufsicht SEC etwa von Goldman Sachs eine Geldbuße von 550 Millionen US-Dollar als ideeller Vertreter geschädigter Anleger und Bankkunden im Nachgang zur Finanzkrise. Und erst im November 2013 erklärte sich die größte US-Bank, JP Morgan, bereit, wegen Verfehlungen während der Finanzkrise 13 Milliarden US-Dollar Strafe zu zahlen, die bis dahin höchste Strafe in der Geschichte der Vereinigten Staaten. Im August 2014 wurde dieser Rekord noch einmal getoppt: Die Bank of America zahlte nach einem Vergleich mit dem Justizministerium 16,65 Milliarden US-Dollar Strafe wegen fragwürdiger Immobilienkredite, die sie im Vorfeld der Finanzkrise vergeben hatte.

Solche Summen verhageln die Bilanz natürlich gewaltig, und deshalb laufen die Banken, besonders die europäischen, Sturm gegen die amerikanischen Gesetze. Ganz vorne im Chor der Kritiker (und derer, die ihren Einfluss geltend machen) steht dabei die Deutsche Bank, die eine der wichtigsten ausländischen Banken in den USA ist und dort vor der Finanzkrise vor allem mit riskanten Derivatgeschäften viel Geld verdient hat. Während der Krise musste sie dann allerdings auch vom amerikanischen Staat gestützt werden: Im Zuge des Rettungspakets für den Versicherer AIG erhielt die Deutsche Bank fast zwölf Milliarden US-Dollar Staatshilfe, und sie profitierte

ganz erheblich von den verschiedenen Hilfsprogrammen der amerikanischen Notenbank.

Über den Bundesverband deutscher Banken (BdB), in dem der
Frankfurter Geldgigant bestimmenden Einfluss ausübt, hat sich die
Deutsche Bank bereits zum TTIP geäußert. Bestimmte Vorschläge
der US-Finanzaufsicht hätten in der EU »schwerwiegende Bedenken« hervorgerufen, heißt es dort. Die amerikanischen Regelungen,
forderte der deutsche Bankenverband, sollten mit den Reformen in
der EU abgeglichen werden. Offenbar setzt man darauf, die heimischen Regierungen genügend unter Kontrolle zu haben. Und außerdem müssten ausländische Banken, die in den USA Geschäfte machen, möglichst gemäß den Gesetzen ihrer Heimatländer behandelt
werden und nicht nach amerikanischem Recht.

Allein das ist schon eine recht merkwürdige Forderung. Keine
Privatperson könnte sich vor irgendeinem Gericht der Welt damit
herausreden: »Was das hiesige Gesetz verbietet, ist bei mir zu Hause
aber erlaubt.« Doch genau das wünschen sich die Banken. Darüber
hinaus wollen sie noch eine Reihe anderer Dinge abschaffen, etwa
»Volcker's Rule«, die ihrer Ansicht nach zu viele Einschränkungen
für den Handel mit hochriskanten Finanzprodukten beinhaltet. Für
in den USA tätige Banken aus dem Ausland, so der deutsche Bankenverband, bedeute sie ein zu schweres Hemmnis für ihre Geschäfts-
tätigkeit, mit dem sie in ihren Heimatländern nicht rechnen müssten. Ähnlich sieht das auch das »European Services Forum«, an dem
die Deutsche Bank ebenfalls wesentlich beteiligt ist und das sich in
seiner Selbstdarstellung als »die Stimme der europäischen Dienst-
leistungswirtschaft in internationalen Handelsgesprächen« versteht.
Mit dem TTIP, so die Lobbyisten, solle auch verhindert werden, dass
die US-Finanzaufsichtsbehörde eine in den USA tätige ausländische
Bank als »too big to fail« einstuft. Es wäre ja merkwürdig, so das Forum, wenn eine solche Bank in den Vereinigten Staaten mit Restriktionen belastet würde, die in ihrem Heimatland nicht gälten, weil es
dort keine »Too big to fail«-Regelung gibt.

Immerhin: Auch die amerikanischen Anbieter von Finanzprodukten haben etwas auszusetzen an Europa. Ihnen geht es um die
geplante Finanztransaktionssteuer, die Spekulationen einschränken
soll und die seit Jahren von der Londoner Finanzbranche recht erfolgreich torpediert und behindert wird, eben weil die Finanzbranche von Haus aus keine Beschränkung von Spekulationen haben
will. Offenbar haben die Banken Erfolg damit. Zurzeit scheinen nur
noch einige EU-Länder bereit zu sein, sie in abgemilderter Form
einzuführen. In der Welt der Bären und Bullen als Tiger angetreten,
ist die Finanztransaktionssteuer offenbar auf dem besten Weg, als
Bettvorleger zu enden.

Laxer Umgang mit der Finanzkrise in Europa

Die Finanzkrise hat den europäischen Wirtschaftsraum sehr hart
getroffen und letztlich die Euro-Krise ausgelöst, die immer noch
nicht ausgestanden ist. Anders als die Amerikaner, die der Finanzindustrie zwar auch viele Zugeständnisse gemacht haben, aber doch
ein umfangreiches Regulierungswerk beschlossen, war Europa hier
jedoch nicht sehr konsequent und hat auch nicht besonders hart
durchgegriffen.

Die Aufräumarbeiten nach der Finanzkrise überließ die EU-
Kommission nämlich 2008 einer Expertengruppe, die neue Regeln
für die Finanzwirtschaft aufstellen sollte. Die De-Larosière-Gruppe,
benannt nach ihrem damals fast 80-jährigen Vorsitzenden Jacques
de Larosière, dem ehemaligen Chef des IWF und früheren Präsidenten der Banque de France, hatte acht Mitglieder. Vier davon hatten
enge Verbindungen zu jenen Banken, die ursächlich mit der Finanzkrise in Verbindung gebracht wurden: Lehman Brothers, Goldman
Sachs, Citigroup und BNP Paribas. Ein fünfter Experte war bekannt
für seine strikte Forderung nach Deregulierung im Bankensektor,
und ein sechster kam von der britischen Finanzaufsichtsbehörde,

die die Finanzkrise weder hatte kommen sehen noch irgendetwas dagegen unternahm. Die Empfehlungen der De-Larosière-Gruppe fielen dann auch entsprechend aus: Die EU solle die Banken besser als bisher überwachen, hieß es. Grundlegende Probleme wurden nicht angegangen, man laborierte lieber an der Oberfläche, was bei der Zusammensetzung der Gruppe auch nicht weiter erstaunlich war.

Warum auch sonst keine allzu restriktiven Maßnahmen gegen Krisenbanker und ihre Institute ergriffen wurden, mögen zwei Zahlen erklären, welche die Nichtregierungsorganisation Corporate Europe Observatory (CEO) ermittelt hat. Zum einen gibt die Finanzbranche alljährlich rund 120 Millionen Euro für die Vertretung ihrer Interessen in der Europäischen Union aus. Zum anderen sind in Brüssel ungefähr 1700 Lobbyisten allein für die Finanzbranche tätig. CEO hat das offizielle Lobbyregister ausgewertet und die PR-Firmen und Kanzleien gezählt, die sonst noch für die Finanzindustrie arbeiten. Zu den 1250 offiziell erfassten Lobbyisten kamen so noch einmal rund 450 nicht registrierte Interessenvertreter. Und das ist eine relativ niedrige Zahl, denn normalerweise setzt man den Anteil der nicht in den offiziellen Verzeichnissen geführten Lobbyisten deutlich höher an.

Mit den Vorschlägen, wie weitere Krisen zu verhindern seien, können diese Lobbyisten und die hinter ihnen stehenden Finanzinstitute naturgemäß wenig anfangen. Weder mit einer Finanztransaktionssteuer noch mit einer Prüfung, ob neue Finanzprodukte auch notwendig für die Gesellschaft sind oder im Gegenteil sogar schädlich sein könnten. Und selbstverständlich auch nicht mit sogenannten Positionslimits an Rohstoffbörsen, die eine obere Grenze setzen für Kauf- und Verkaufsverträge, die ein Händler an der Börse abschließen und halten darf. Diese Limits sollen die Spekulation mit Nahrungsmitteln erschweren, stellen nach Ansicht der Händler aber einen schweren Eingriff in ihre Freiheiten dar.

Diese Liste ließe sich noch fortschreiben, denn Banken und Finanzmarkthändler sind erfindungsreich, wenn es darum geht, neue

Produkte auf den Markt zu werfen, mit denen man viel Geld verdienen – und verlieren – kann. Die verschiedenen Freihandelsabkommen sollen ihnen dabei helfen, so stellen sie sich das jedenfalls vor. Sei es, dass die Abkommen schon ausgehandelt sind, wie CETA, sei es, dass sie gerade verhandelt werden, wie TTIP oder TiSA, stets geht es darum, die sogenannte Liberalisierung so weit zu treiben wie nur irgend möglich und die Dominanz des Marktes über allem anderen festzuschreiben.

Was wiederum schlecht wäre für jene Teile des Bankensektors, die bis heute noch nicht völlig durchprivatisiert worden sind, etwa das deutsche Sparkassensystem. Die Sparkassen haben bis heute einen öffentlichen Status, Kommunen und Verbände geben Garantien für sie, und sie können auch nicht von anderen Unternehmen aufgekauft werden – für Deregulierer natürlich eine schreckliche Vorstellung. So etwas läuft allen Grundsätzen des freien Marktes zuwider. Dagegen gilt es anzukämpfen, und es ist noch gar nicht ausgemacht, ob Deutschland sein Sparkassensystem tatsächlich wird erhalten können, widerspricht es doch allen Grundsätzen der Liberalisierung, wie sie die meisten Freihandelsabkommen umsetzen wollen. »Wir beobachten die Entwicklungen bei den geplanten Handelsabkommen sehr genau«, so der Sprecher des deutschen Sparkassenverbandes: »Grundsätzlich gilt auch für TiSA die Feststellung der EU-Kommission, dass öffentliche Dienstleistungen nicht zwangsweise liberalisiert werden dürfen.«[102]

Droht jetzt eine neue Finanzkrise?

Gerade TiSA stellt eine weitere Bedrohung dar für jene, die den Finanzsektor stärker reglementieren wollen. Denn das geplante Dienstleistungsabkommen sieht das genaue Gegenteil vor: eine stramme Liberalisierungs-Agenda für die Finanzmärkte. Das ist jedenfalls den 18 Seiten des Verhandlungsmandats zu entnehmen, das von

WikiLeaks im Juni 2014 an die Öffentlichkeit gebracht wurde.[103] Besonders die großen europäischen Banken und Finanzkonzerne erhoffen sich davon einen besseren Einstieg in Märkte wie Hongkong, Taiwan, Australien oder Chile. Die dortigen Finanzmärkte sind bislang stark abgeschottet.

Nach den geplanten TiSA-Artikeln 3 und 7 soll sich nun jedes Land verpflichten, seinen Finanzmarkt für ausländische Banken und Versicherer zu öffnen. Das dürfte vor allem auch Deutschland betreffen, denn hier beträgt der Marktanteil ausländischer Banken gerade einmal zehn Prozent. Auch in Gesamteuropa sind es nur 25 Prozent Marktanteil, die von außereuropäischen Banken gehalten werden. Kommt TiSA, dann dürfte dieser Anteil erheblich ansteigen. Auch die Bundesregierung wird sich dann umstellen müssen. Noch 2008 hat sie verhindert, dass chinesische Investoren die marode Dresdner Bank aufkaufen. So etwas wird künftig dann wohl nicht mehr möglich sein.

Auch sonst werden es Staaten sehr schwer haben, wenn sie die Spekulationslust zügeln wollen. Notfallmaßnahmen gegen Finanzkrisen oder zum Schutz der Sparer dürfen nach TiSA nämlich nicht dazu führen, dass ein Land seine Pflicht zur Öffnung der Märkte vernachlässigt. Der grüne Finanzexperte im EU-Parlament, Sven Giegold, sieht da schon eine Klagewelle auf Europa zukommen: »Künftig handelt sich eine Regierung leicht eine Klage ein. Es wird schwerer, die Finanzmärkte zu zähmen.«[104] Wie schnell so etwas gehen kann, durfte der belgische Staat schon 2008 erfahren, als er noch unter den alten Bedingungen und wegen der Finanzkrise die Fortis Bank vor der Pleite rettete, indem er sie verstaatlichte. Der chinesische Investor Pin An verklagte Belgien daraufhin vor einem internationalen Schiedsgericht. Das Verfahren ist noch nicht beendet.

Aufsichtsbehörden, so sehr sie von den Regierungen und vom Europaparlament vielleicht sogar gewünscht sind, werden es künftig jedenfalls äußerst schwer haben, sollten jene Vorstellungen umgesetzt werden, die in den geheimen Papieren der EU und anderer

Staaten herumgeistern. Regulierungen oder gar das präventive Verbot bestimmter Finanzprodukte sollen demnach nämlich nur unter ganz bestimmten Bedingungen erlaubt sein. Und sie sollen auch nicht weiter gehen, als unbedingt nötig erscheint – was sich natürlich leicht anfechten lässt: Wer kann schon so genau sagen, was unbedingt nötig ist auf diesem Gebiet? Insbesondere dann, wenn Eile geboten ist.

Die Branche jedenfalls kann es kaum erwarten, dass die neuen Abkommen in Kraft treten. Es wäre dann denkbar, dass jede Regulierung als Hemmnis betrachtet wird, und es wäre auch denkbar, dass dann im gesamten Wirtschaftsraum Finanzdienstleistungen angeboten werden können, die bisher nur in einem Staat möglich waren. Alle anderen müssten sie wegen des Prinzips der Gleichbehandlung dann ebenfalls zulassen. Möglicherweise bekommen die Finanzkonzerne sogar noch eine richtige »Stillhalteklausel«, die weitere Regulierungen auf Dauer verhindern soll. Denn: Was einmal liberalisiert worden ist, soll danach nicht mehr geändert werden dürfen.

Für die berufsmäßigen Zocker in den obersten Etagen der großen Geldhäuser und Finanzspekulanten wären das geradezu traumhafte Verhältnisse.

Ob sich die Bankenlobby durchsetzen kann, ist dann wieder eine andere Frage. Derzeit sieht es nicht gut aus, weil die USA unter ihrer demokratischen Regierung am Dodd-Frank Act von 2010 festhalten wollen. Das aber kann 2016 schon wieder ganz anders aussehen, wenn der nächste Präsident gewählt ist.

Höhere Werte oder Handelsware?

Beispiel Kunst und Kultur: Was vermeintlich geschützten Bereichen bald blühen könnte

Im Jahr 2030 könnte das, was wir Kulturleben nennen, ganz anders aussehen. Die Zahl der Theater ist dann auf ein Zehntel geschrumpft, das Bühnensterben hat nie gekannte Ausmaße erreicht. Es begann damit, dass ein großes niederländisches Tourneeunternehmen in Großstädten anspruchsvolles klassisches Stadttheater anbot und von den Städten die gleichen Subventionen forderte wie staatliche und kommunale Bühnen. Weil es die nicht bekam, zog es vor das Schiedsgericht in Washington und bekam natürlich recht. Denn: Gleiches Recht für alle! Entweder bekämen auch die Privaten Subventionen oder niemand mehr. Und so geschah es. Theaterkarten sind inzwischen kaum noch bezahlbar, gelegentlich werden sie von privaten Stiftungen für wohltätige Zwecke aufgekauft, sonst gäbe es kaum noch Aufführungen.

Das Angebot an Büchern ist 2030 wesentlich kleiner geworden. Manche Bücher sind jetzt billiger, wenn man sie beim richtigen Händler bestellt. Aber das macht ja ohnehin schon fast jeder. Buchhandlungen gibt es praktisch nur noch in Großstädten, und dort gehören sie zu einer großen Kette, die von der Laufkundschaft lebt. Das Angebot besteht zu 95 Prozent aus Übersetzungen von Autoren der großen Weltsprachen. Wer in einer weniger stark verbreiteten Sprache schreibt, für den lohnt sich die Schriftstellerei kaum noch. Dafür ist der Markt zu klein.

Beim Kino sieht es ähnlich aus. Seit es in Europa keine staatliche Filmförderung mehr gibt, hat die Zahl der einheimischen Filme sehr stark abgenommen. Die meisten unabhängigen Filmemacher können ihre Projekte nicht mehr realisieren. Auch die Drehbuchautoren und Regisseure sind unzufrieden, seit das hiesige Urheberrecht dem US-amerikanischen entspricht. Dort besitzt der Produzent alle Rechte und kann den fertigen Film nach Belieben verändern. In den Vereinigten Staaten merkt man davon nichts, dort hat sich kaum etwas geändert. Filme aus Europa haben sich auch früher schon nur ein paar Nerds angesehen.

Das mag damit zu tun haben, dass der öffentlich-rechtliche Rundfunk in den USA, das American Public Radio, ein reines Nischenprogramm für die intellektuelle Oberschicht ist. Ansonsten herrscht die ungezügelte Freiheit des Marktes, so wie es 2030 auch in Europa der Fall ist. Die Gebührenfinanzierung des öffentlichen Rundfunks musste nach dem Abschluss des transatlantischen Freihandelsabkommens eingestellt werden, viele einstmals öffentlich-rechtliche Sender sind zu ganz normalen, privatisierten Sendeanstalten geworden – ein Weg, der sich in Programmgestaltung und -ausrichtung schon seit Längerem abgezeichnet hatte.

Auch Wissenschaft, Forschung und Bildung haben sich ähnlich entwickelt. Der Staat hat sich noch weiter aus der universitären Lehre und Forschung zurückgezogen, als das bereits zur Jahrtausendwende der Fall gewesen ist. Das Drittmittelgebot – Forschung findet an den Universitäten nur noch statt, wenn genügend Geld aus der freien Wirtschaft kommt – hat sich längst durchgesetzt und bestimmt die Forschungsinteressen. Allseits anerkannt sind inzwischen sowieso nur noch die Abschlüsse von Elite-Unis, die allesamt frei finanziert sind und hohe Studiengebühren verlangen. Wer an ihnen studiert, hat zuvor bereits eine der teuren und angesehenen Privatschulen besucht. Das öffentliche Schulsystem gilt schon seit vielen Jahren als wenig effizient und chronisch unterfinanziert.

Kultur braucht Geld – doch woher kommt es?

So viel zu Europa im Jahre 2030. Das alles klingt nach ziemlich grober Science-Fiction, nach einem Horrorfilm oder nach einem besonders wüsten Albtraum, der deutsche Kultursubventionsempfänger nachts schweißnass hochfahren lässt. Es ist eine unerfreuliche Vision, die so und in vollem Umfang wohl nie wahr werden wird, sofern sich Politik und Zivilgesellschaft nicht doch noch in den geistigen Tiefschlaf begeben. Denn all diese Dinge sind sehr wohl möglich und gar nicht so unwahrscheinlich. Nimmt man die Zielsetzungen des transatlantischen Freihandelsabkommens TTIP und die des Dienstleistungsabkommens TiSA wirklich ernst und setzt sie bis zur letzten Konsequenz um, dann führt kein Weg vorbei an Kultur, Bildung und Medien als reiner Handelsware. Der freie Handel rechnet nicht mit höheren Werten, ihm genügen voll und ganz die Geldwerte, die in Kultur, Bildung und Medien stecken.

Die Möglichkeiten, in diesen drei Bereichen Geld zu verdienen, sind äußerst vielfältig. In den USA ist man in dieser Hinsicht bereits viel weiter als in Europa, und das beunruhigt diesseits des Atlantiks sehr viele Kulturschaffende. Schließlich hat man es wieder einmal mit zwei vollkommen unterschiedlichen Systemen zu tun, die obendrein in Europa selbst noch sehr unterschiedlich ausgeprägt sind – übrigens ohne dass das hier jemand sonderlich schlimm findet. In Amerika hat sich das freie Spiel der Kräfte weitgehend als Standard durchgesetzt, wohingegen es in der Alten Welt noch viel direkte und indirekte staatliche Förderung gibt, sei es durch Schutzgesetze oder durch finanzielle Unterstützung von Projekten oder Instituten.

Die auf beiden Seiten des Atlantiks sehr eigenen Vorstellungen darüber, wie mit kultureller Förderung zu verfahren sei, erklären sich auch aus der unterschiedlichen Geschichte und Tradition heraus. In den USA erscheinen die kulturellen Leistungen des Landes weniger identitätsstiftend, als das in den meisten Nationen Europas der Fall ist. Die europäischen Länder haben oft eine wesentlich längere kulturelle Tradition – man denke nur an das klassische Griechenland – als die Vereinigten Staaten mit ihrer noch recht jungen Geschichte. In den USA betrachtet man kulturelle Erzeugnisse deshalb auch sehr viel pragmatischer. Vielen gelten sie als eine Handelsware wie andere Waren auch. Schon allein deshalb mischt sich der Staat im Kultursektor wenig ein. Die großen und bedeutenden Kulturinstitutionen – Orchester, Theater, Museen – finanzieren sich im Wesentlichen über die Stiftungen wohlhabender Mäzene oder Großunternehmen. Philanthropisches Engagement im kulturellen oder sozialen Bereich und im Umweltsektor gehört in den Vereinigten Staaten für Vermögende zum guten Ton. Wer zu den Gesegneten gehört, die viel Geld verdienen, ist gehalten, dieses Glück zu teilen. In Deutschland hingegen gelten derartige Stiftungen immer noch als eine Art Gnadenerweis von Gutverdienenden. Selbst die geschäftstüchtigsten Amerikaner gehen ins Konzert oder in die Oper, lesen Bücher, besuchen Theater oder Kunstausstellungen und stellen dafür auch bereitwillig finanzielle Mittel zur Verfügung. Weshalb es in den USA sehr viele erstklassige Orchester und Musiker, hervorragende Schauspieler, Künstler und Schriftsteller gibt. So ließe es sich mit den beiden verschiedenen Formen der Kunstförderung, der überwiegend staatlichen in der EU und der hauptsächlich privaten in den Vereinigten Staaten, eigentlich sehr gut leben.

Die Kultur des Alten Europa, speziell aber die Kultur in Deutschland, basiert zu nicht geringen Teilen auf staatlichen Regeln und staatlicher Förderung, weil die Wohlhabenden hierzulande – anders als in den USA – keine große Neigung verspüren, Kultur uneigennützig zu unterstützen. Und weil diese Reichen nicht so gleichmäßig übers Land verteilt sind, dass sich mit ihrem Geld überall Theater, Ausstellungshallen und Literaturhäuser unterhalten ließen.

So springt also der Staat ein bei der Finanzierung – von Opernhäusern, Konzerthallen und Museen über die Buchpreisbindung bis hin zu Subventionen für die nationale Filmwirtschaft, wie in Frankreich. All das könnte ebenso gefährdet sein wie das öffentlich-rechtliche Rundfunksystem, die staatliche Finanzierung von Hochschulen und Einrichtungen des Bildungssektors. Was in den USA zum großen Teil durch private Unterstützung und Mäzenatentum geleistet wird – mit all den Nebenerscheinungen, die so etwas mit sich bringt –, wird hier von Staatsorganen geleistet.

Wo aber liegt das Problem? Warum sollten diese unterschiedlichen Ausprägungen eigentlich gefährdet sein, warum können beide Systeme nicht weiter nebeneinander existieren? Was kümmert es schon die USA, wie die verrückten Europäer ihre Kultur organisieren?

Natürlich könnten beide Systeme sehr wohl nebeneinander existieren. Nach der ganz strengen neoliberalen Schule ist das europäische Subventionswesen zwar ein Unding, weil es den Markt in seiner Wirkung behindert oder einseitig in eine bestimmte Richtung lenkt. Nun sind die Freiheit des Marktes und die Freiheit der Kunst aber zwei unterschiedliche Paar Stiefel, was reine Zahlenmenschen oft nicht so recht kapieren. Tatsächlich wäre vieles in der freien Kunst ohne die Unterstützung des Staates gar nicht möglich. Überzeugte Zahlenmenschen finden das unmöglich, weil hier der Markt ja nicht in Reinform waltet. Das tut er in Amerika allerdings auch nicht. Denn die privaten Mäzene beeinflussen mit ihrem Geld schließlich die Entstehung oder Förderung von Kunst, nicht das Publikum an sich. Es ist in Teilen der Kulturszene und in manchen Feuilletons durchaus Mode geworden, sich über staatliche Förderung und über das sogenannte »Subventionsunwesen« lustig zu machen. Da sind auf der einen Seite jene Kulturschaffenden, die sich zwar um Subventionen bemüht, aber nie welche bekommen haben. Dann gibt es die Liebhaber der amerikanischen Kultur, beispielsweise des guten alten Hollywood-Kinos. Sie verweisen auf die großartigen kulturellen Leistungen, die in den USA praktisch ohne Subventionen erbracht wurden und ein weltweites Publikum begeistern. Wohingegen die deutsche Subventionskultur in ihrer Nische verharre und nur eine Minderheit von Intellektuellen erreiche. Deshalb sei es gar nicht so schlimm, wenn auch im Alten Europa bis zu einem gewissen Grad amerikanische Verhältnisse Einzug hielten. »Man braucht diese Subventionen aber auch gar nicht«, behaupten viele Befürworter eines subventionslosen Zustands, »was da produziert wird, ist ohnehin oft genug stinklangweilige Staatskunst, die kaum jemand sehen will. Würde sie nicht mit Steuergeld finanziert, würde sich kaum jemand dafür interessieren.« In dieser Pauschalität ist die Aussage natürlich nicht richtig. Zwar gibt es durchaus langweilige Kunst, aber die ist nicht deshalb öde, weil der Steuerzahler dafür aufkommt. Und umgekehrt ist der freie Markt noch lange keine Gewähr für eine gelungene Symbiose aus Unterhaltung und Anspruch, aus E und U.

Für die Filmindustrie zum Beispiel ist es durchaus von Belang, ob die einzelnen europäischen Filmförderanstalten lokale Produktionen finanziell unterstützen, auch wenn ihr Umsatz an den Kinokassen marginal ist. Und auch wenn Hollywood gelegentlich selbst von der Drehortförderung in Europa profitiert: Um eine Einschränkung des Marktes für den amerikanischen Film handelt es sich bei den staatlichen Zuschüssen für die heimische Filmwirtschaft letztlich schon. Denn der Kuchen wird ja schließlich kleiner, und den großen Filmstudios entgeht dadurch Gewinn. Dies könnte also ein Fall für ein internationales Schiedsgericht sein. Und möglicherweise wird der Filmindustrie Schadensersatz zugesprochen. Schließlich handelt es sich um eine systematische Benachteiligung.

Kultur fördern oder Wettbewerb behindern?

Würde TTIP in der beabsichtigten reinsten Form Wirklichkeit, so wären noch eine Fülle anderer Klagemöglichkeiten denkbar. Denn letztlich ist jede Form von Subvention oder staatlicher Unterstützung Wettbewerbsverzerrung. Es ist genau genommen ihr Sinn und Zweck, den Wettbewerb zu verzerren. Und deshalb wären sie vor Schiedsgerichten, die nur zu untersuchen haben, ob Investitionen in ihrer Wirkung beschädigt wurden, kaum zu halten. Schiedsgerichte haben keinen höheren moralischen Auftrag, sie haben lediglich die Interessen der Gewerbetreibenden zu wahren.

Auch große internationale Medienkonzerne wittern Morgenluft. Rupert Murdoch, der australische Medien-Mogul, ist zum Beispiel gut 20 Jahre lang gegen das Bollwerk Deutschland angerannt, um mit seinem Bezahlsender Sky nach vielen Umwegen endlich den Markt zu erobern. In dieses Ziel hat er viele Hundert Millionen Dollar investiert, ein Gutteil davon vergebens. Hätte Murdoch nicht allen Grund, derartige Verluste einzuklagen? Denn das öffentlich-rechtliche Rundfunksystem tut schließlich nichts anderes, als den Wettbewerb zu verzerren, weil es durch Gebühren finanziert wird, wohingegen Privatsender nichts bekommen. Eigentlich ein klassischer Entschädigungsfall.

Nicht viel anders verhält es sich mit der Buchpreisbindung und dem ermäßigten Mehrwertsteuersatz für Druckerzeugnisse. Auch die ist im Grunde ein großes Handelshemmnis für internationale Unternehmen der Buchbranche. Die Buchpreisbindung dient kleinen Verlagen und Autoren, die keine Riesenauflagen erzielen, weil sie einen einheitlichen Preis festschreibt für ein bestimmtes Buch. Es darf also nicht von einem Händler billiger verkauft werden als vom anderen.

Eine derartige Regelung passt überhaupt nicht ins Schema des freien Marktes, der die Preise streng an die Nachfrage koppelt, und deshalb steht die deutsche Buchpreisbindung schon seit Längerem unter dem Beschuss der Neoliberalen. Bisher konnten die Angriffe mit dem Argument abgewehrt werden, dass viele Bücher dann gar nicht mehr erschienen, weil sich ihre Herstellung unter dem Diktat rein marktgeregelter Preise nicht mehr lohnen würde. Die Buchpreisbindung soll ein breites Angebot ermöglichen und vor allem auch eine flächendeckende Versorgung, weil dank ihrer auch kleinere Buchhandlungen auf dem Lande überlebensfähig bleiben.

Die Realität sieht allerdings längst anders aus. Wer die Belletristik-

Programme der großen Publikumsverlage durchblättert, findet fast nur noch internationale Massenware von Autoren, die sich auf den größten Märkten des Westens schon durchgesetzt haben, und das Sterben der kleinen Buchhandlungen wird im Grunde nur noch von ein paar idealistischen Buchhändlern verzögert, die bloß überleben können, weil sie die Einzigen am Ort sind oder weil sie ein Spezialpublikum bedienen. Ihnen setzten schon vor 20 Jahren die großen Buchkaufhäuser in den Städten zu, mit ihrer schier unermesslich erscheinenden Auswahl – auch die übrigens ein Mythos, man suche dort nur einmal nach einem bestimmten anspruchsvollen Roman oder gar einem Lyrikband. Man wird nicht fündig werden.

Freilich: Ohne die Buchpreisbindung hätten die immer noch vorhandenen Buchhändler überhaupt keine Chance mehr, und ähnlich geht es vielen Autoren, die mit ihren Büchern nur Kleinstauflagen erzielen.

TTIP aber könnte ihnen endgültig den Garaus machen – je nachdem, ob die Buchpreisbindung mit diesem Abkommen gleich generell ausgeschlossen wird oder ob es die Praxis der Schiedsgerichtsverfahren bei Investitionsstreitigkeiten ermöglicht. Dann könnte nämlich mit einer rein wirtschaftlichen Begründung wegen entgangener Gewinne geklagt werden, beispielsweise von dem amerikanischen US-Konzern Amazon. Schließlich handelt es sich bei der Buchpreisbindung um einen klaren Fall von Wettbewerbsverzerrung, das wird niemand bestreiten können. Theoretisch könnte Amazon also die Bundesrepublik Deutschland auf Schadensersatz verklagen und hätte damit wohl auch Erfolg.[105] Würde man diesem Konzern so etwas zutrauen? Selbstverständlich. Amazon schreckt ja auch keineswegs davor zurück, die Buchproduktion von Verlagen später als möglich auszuliefern, wenn sie sich nicht dem Diktat des Branchenriesen unterwerfen.

Nun muss man nicht unbedingt immer mit marktradikalen Lösungen rechnen. Und sei es nur, weil der Wirtschaftssektor, um den es hier geht, ein nicht sehr bedeutender ist. In der EU macht er gerade mal 2,6 Prozent des Bruttosozialprodukts aus, in der gesamten OECD, der Organisation für wirtschaftliche Zusammenarbeit und Entwicklung, mit ihren 34 Mitgliedsstaaten von Australien und den USA bis hin zu den Staaten Europas, sind es knapp fünf Prozent. Zwar hat der Kultursektor in den letzten 30 Jahren ein starkes Wachstum erlebt, große wirtschaftliche Bedeutung wird er aber wohl nie erlangen. Insofern liegt das Hauptinteresse der Wirtschaft und der großen Konzerne sicher nicht auf diesem Gebiet, zumal sich der künstlerische Mehrwert, sprich: der Kunstgenuss, zahlenmäßig ohnehin nicht erfassen lässt.

Das Problem entsteht erst dann, wenn es um jenen Aspekt der Kulturgüter geht, der sie zur Handelsware macht. Der künstlerische Einfall ist in der Regel ja nicht beliebig wiederholbar und schwer greifbar. Er eignet sich deshalb auch kaum zur Handelsware. Ganz anders sieht das mit den Dingen aus, die daraus werden: Bücher oder E-Books, Tonträger aller Art, Filme für Kinos oder DVDs und so weiter. Die sind eben beliebig reproduzierbar, mit ihnen kann man ebenso gut Handel treiben wie mit Tomatenketchup oder Autos.

Hier wird die Liberalisierung in allen Bereichen dann eben wieder interessant. Die Produktion an sich – die Idee, eine Aufführung, ein Konzert – ist in erster Linie eine Dienstleistung, das fertige Buch, das entstandene Bild, der Tonträger wiederum sind sehr reale Güter, die man in Läden verkaufen kann. Zugleich sind diese kulturellen Güter oft an den Ort ihrer Entstehung gebunden: Der Sänger, der seine Texte in einem provençalischen Dialekt schreibt, erreicht in aller Regel nur ein kleines Publikum. Der internationale Popstar aus Los Angeles hingegen hat ein Millionenpublikum, weil er in einer allgemein verständlichen Sprache, nämlich Englisch, singt. Und schließlich haben kulturelle Güter immer auch eine gesellschaftliche Komponente. Durch sie definiert sich ein Mensch in seiner Identität. Wer Romane von Rosamunde Pilcher liebt, ist von der Persönlichkeit her anders gestrickt als ein T.-C.-Boyle-Leser.

Das erklärt auch, warum einzelne Staaten bestimmte Teile ihrer Nationalkultur zu schützen versuchen, sei es durch die Buchpreisbindung, sei es durch ermäßigte Mehrwertsteuersätze für Bücher und Zeitschriften, sei es durch eine besondere Filmförderung. Es geht im Kern nicht darum, sich abzuschotten von einem übermächtigen Wirtschaftsoligopol, das die Kultur vereinheitlicht, weil sie sich so einfacher verkaufen lässt. Das Ziel ist vielmehr, kulturelle Vielfalt zu ermöglichen und zu bewahren, auch wenn es sich dabei um Nischenprogramme für ein paar wenige handelt, die für große Unternehmen nur eine uninteressante Zielgruppe darstellen. Dieses Ziel stand bisher nie groß infrage. Schon bei den ersten Verhandlungen über ein weltweites Zoll- und Handelsabkommen 1948, bekannt geworden unter dem Kürzel GATT, wurden einzelnen Staaten Quoten für »Filme nationaler Herkunft« zugestanden, auch Regelungen zur »Sicherstellung der öffentlichen Moral« und zum Schutz »nationaler Schätze von künstlerischem, geschichtlichem oder archäologischem Wert« waren erlaubt.[106]

Diese Regelungen waren speziell der US-amerikanischen Filmindustrie immer schon ein Dorn im Auge beziehungsweise ein Hindernis beim Geldverdienen. Um die Jahrtausendwende wagte sie daher einen Frontalangriff auf den Nachbarstaat Kanada und dessen Gesetze zum Schutz der eigenen Filmindustrie. Vor dem Schiedsgericht der Welthandelsorganisation WTO war sie damit zunächst erfolgreich. Aber Kanada gab keineswegs klein bei, sondern begann eine weltweite Kampagne zum Schutz nationalstaatlicher Kulturgüter. An deren Ende verabschiedeten im Jahr 2005 132 Staaten die »Unesco-Konvention zum Schutz und zur Förderung der Vielseitigkeit kultureller Ausdrucksformen«. Sie sicherte den Unterzeichnerstaaten das Recht auf eine unabhängige Kulturpolitik zu und trat 2007 in Kraft.

Leider ist damit keineswegs alles bestens geregelt. Weltpolitisch gesehen sind die UN-Organisationen nun einmal für das Ideelle zuständig, WTO, Weltbank und Internationaler Währungsfonds hingegen für das Handfeste. Und deshalb sind die Kulturpolitiker einigermaßen nervös, was die neuen Freihandelsabkommen angeht, und schmieden untereinander Allianzen, um ein Bollwerk gegen die Begehrlichkeiten der Industrie zu errichten. Frankreich hat so immerhin erreicht, dass in einer ersten Vorgabe der EU-Kommission zu TTIP die »audiovisuellen Dienstleistungen«, sprich: Filme, aus dem Verhandlungsmandat gestrichen wurden, wie ein an die Öffentlichkeit gelangtes Papier vom Juni 2013 belegt. Doch eine Garantie dafür, dass das so bleiben wird, gibt es natürlich nicht. Der frühere EU-Handelskommissar Karl De Gucht sagte damals zu Beginn der Verhandlungen schon ganz deutlich, man könne das Verhandlungsmandat ja jederzeit erweitern, da sei nichts in Stein gemeißelt.[107]

Die deutsche Kulturstaatsministerin Monika Grütters fordert deshalb eine sogenannte »Generalklausel« für Kultur, Medien und Urheberrecht, wie es sie in anderen Freihandelsabkommen zwischen Deutschland und anderen Staaten bereits gibt. Generalklausel bedeutet, dass das Abkommen mit all seinen Regelungen auf die Bereiche Kultur, Medien und Urheberrecht nicht angewendet wird. »Es geht um das große Ganze, es geht um unsere Identität als Kulturnation«, sagte Grütters 2014 bei einer Anhörung in der Berliner Akademie der Künste.[108]

Diese Identität ist jedoch nicht nur durch TTIP bedroht. Denn es gibt da ja auch noch TiSA, das geplante Abkommen über die Liberalisierung und Privatisierung von Dienstleistungen. Auch das betrifft in wesentlichen Teilen die Kultur – schließlich wird ein nicht unerheblicher Teil der öffentlichen Dienstleistungen hier erbracht.

Deutschland hat die weltweit größte Theaterdichte, jedes zweite professionelle Orchester weltweit ist in Deutschland beheimatet, und die deutschen Museen zählen mehr Besucher als alle Bundesliga-Fußballclubs zusammen. All das ist nur möglich, weil der Staat die Kultur umfassend unterstützt.

Sind die europäischen Kulturschaffenden, speziell die deutschen, deshalb »anti-amerikanisch«, wie manche Verfechter des freien Handels behaupten? Der Polit-Grafiker und Präsident der Berliner Akademie der Künste, Klaus Staeck, hält dieses Argument für Unfug: »Unsere Gegner sind nicht die Amerikaner, sondern die globalen Konzerne.«[109]

Die wissen alles über uns

Beispiel Datenschutz: Wie die Privatsphäre Konzern-
interessen geopfert wird

Mit dem Begriff »Datenschutz« erntet man bei breiten Bevölkerungsschichten heute nur noch ein müdes Lächeln. »Die wissen
doch sowieso schon alles von uns«, heißt es dann. Viele halten den
sorgsamen Umgang mit persönlichen Daten für ein Relikt aus den
Siebziger- und Achtzigerjahren des vorigen Jahrhunderts. Schließlich geben die Menschen in sozialen Netzwerken, in Diskussions-
foren des Internets oder auch unbewusst bei der Benutzung von
Suchmaschinen längst intimste Details freiwillig preis. Das Internet
ist so groß und weitverzweigt, dass die menschliche Vorstellungs-
kraft automatisch davon ausgeht, dass eine einzelne Äußerung in
seinen unendlichen Weiten unerkannt bleibt wie ein Tropfen Wasser
im Ozean. Auch wenn man es eigentlich besser weiß.

Spätestens seit den Enthüllungen des Whistleblowers Edward
Snowden und dem weltweiten NSA-Skandal dürfte klar sein, dass
manche Institutionen an allem interessiert sind und dank entspre-
chender Technik auch alles finden. Dazu bedarf es überhaupt keiner
Verträge, die Geheimdienste – und nicht nur die amerikanischen
und britischen – tun das längst, ohne irgendjemanden zu fragen. Die
Empörung im Zuge der NSA-Affäre und die Forderungen nach Aus-
setzung der Verhandlungen über ein Freihandelsabkommen mit den
USA sind insofern müßig und haben wohl niemanden an den entscheidenden Stellen beeindruckt.

Auf den ersten Blick hat TTIP mit dem Thema Datenschutz nicht
viel zu tun. Im Verhandlungsmandat der EU wird er gar nicht er-
wähnt. Implizit enthalten ist das Thema allerdings an vielen Stellen –

schon allein deshalb, weil es zwangsläufig in viele Fragen des freien Handels hineinspielt. Und sollte TTIP so beschlossen werden, wie viele in den Verhandlungsdelegationen sich das offenbar vorstellen, dann muss man das Datenschutzniveau, das derzeit zumindest in Europa noch herrscht, wohl in weiten Teilen vergessen. Denn dann werden die amerikanischen Internet- und Technologiekonzerne dafür sorgen, dass die für sie lästigen Vorgaben fallen – beispielsweise auf dem Weg der Investorenschutzklage.

ACTA ist auf einmal wieder da

Viele Kritiker sagen aber auch: Im TTIP und stärker noch im Dienstleistungsabkommen TiSA ist das gescheiterte ACTA-Abkommen wie ein Wiedergänger enthalten. ACTA, das »Anti-Counterfeiting Trade Agreement«, sollte eigentlich internationale Standards für die Durchsetzung geistiger Eigentumsrechte festschreiben. Allerdings mit starker Bevorzugung der großen Konzerne als Rechteinhaber und sehr zum Nachteil der Nutzer. Seit 2007 auf Ministerebene im Geheimen ohne jede Transparenz ausgehandelt und ausgestattet mit undemokratisch etablierten Gremien, scheiterte ACTA schließlich am entschiedenen Protest in mehreren großen europäischen Ländern und an der entscheidenden Abstimmung im Europaparlament am 4. Juli 2012. 478 Abgeordnete waren dagegen, nur 39 dafür, 165 enthielten sich der Stimme. Grund für die Ablehnung waren nicht nur die drakonischen Strafen, die für Copyright-Verletzungen vorgesehen waren, sondern vor allem auch die Überwachungsideologie, die hinter ACTA steckte. Internet-Provider wären laut ACTA nämlich fortan verpflichtet gewesen, ihre Netzwerke permanent zu überwachen und persönliche Daten ihrer Nutzer offenzulegen, wenn diese im Verdacht standen, Urheberrechte verletzt zu haben. Weil sie als Vermittler von Dienstleistungen unter Umständen hätten haften müssen, hätten die Provider die gesamte Kommunikation im Netz im Auge haben müssen – eine Aufgabe, die nur mit einer gründlichen Durchleuchtung aller Inhalte machbar gewesen wäre. Wie eine solche Rundum-Kontrolle mit dem Grundrecht auf freie Meinungsäußerung vereinbar gewesen wäre, blieb schleierhaft.

Als EU-Kommissionspräsident José Manuel Barroso und Ratspräsident Herman van Rompuy im Februar 2013 in einem gemeinsamen Statement verkündigten, zum TTIP-Abkommen gehöre auch die Durchsetzung von Urheberrechten, wurde die Netzgemeinde hellhörig. Und weil einmal mehr keine Vertreter der Nutzergruppen mit am Verhandlungstisch sitzen, ist Skepsis angebracht.

Es gibt keinen sicheren Hafen

Noch ist der Schutz der Grundrechte für die Europäer halbwegs gewährleistet. Zwischen der EU und den USA gilt derzeit noch der sogenannte »Safe Harbor«-Pakt. Dabei handelt es sich allerdings nicht um einen völkerrechtlichen Vertrag, sondern formalrechtlich lediglich um eine offizielle Entscheidung der Europäischen Kommission, die aber mit den USA abgestimmt ist. Personenbezogene Daten aus EU-Mitgliedsstaaten dürfen nämlich nach der europäischen Datenschutzrichtlinie eigentlich nicht in die USA übertragen werden, weil das Niveau des Datenschutzes dort niedriger ist als in der EU. Der Kompromiss heißt »Safe Harbor«. Im Jahr 2000 befand die EU-Kommission, dass die Daten der EU-Bürger ausreichend geschützt seien, wenn US-Unternehmen bestimmte Regeln einhielten und sich auf einer entsprechenden Liste des amerikanischen Handelsministeriums eintragen ließen. Bislang sind mehr als 1500 amerikanische Unternehmen dem »Safe Harbor« beigetreten, darunter natürlich alle großen Konzerne wie Microsoft, IBM, Google, Facebook, Hewlett-Packard und Amazon. Sehr zuverlässig ist diese Liste allerdings nicht, denn die Firmen dürfen sich selbst zertifizieren, eine Kontrolle durch das Handelsministerium findet praktisch nicht statt. Unabhängige Untersuchungen haben denn auch ergeben, dass etwa ein Fünftel aller Unternehmen auf der »Safe Harbor«-Liste nicht einmal die formalen Voraussetzungen dafür erfüllen.[110]

In der Praxis ist der »sichere Hafen« eher ein »Blunt Sword«, ein »stumpfes Schwert«. Spätestens seit der Unterzeichnung des »Patriot Act« durch Präsident George Bush Ende Oktober 2001 war klar, dass sämtliche Personen, deren Daten sich auf den Servern amerikanischer Firmen befinden, den amerikanischen Behörden zur Durchleuchtung offenstehen.

In den USA sind Daten ein Wirtschaftsgut

Das Verständnis der Amerikaner für den Schutz persönlicher Daten ist nicht besonders ausgeprägt. Traditionell erblickt man den Feind, der Daten missbrauchen könnte, nicht wie in Europa gerne in übermächtigen Konzernen, in den Medien oder ganz generell im Internet, sondern in einem alles regulierenden Staat. Freiheit, das bedeutet für die meisten Amerikaner die Abwesenheit des Staates. Eine Meldepflicht wie in Deutschland wäre deshalb in den Vereinigten Staaten völlig undenkbar, denn dort besteht die Gefahr für die Privatsphäre vor allem in der Existenz von Steuerbeamten, Polizisten und Gesetzgebern. Deshalb ist das Niveau des Datenschutzes, was Handel und Wirtschaft angeht, in den USA äußerst niedrig. Finanz- und Gesundheitsdaten sind bis zu einem gewissen Grad geschützt, alles andere darf beinahe beliebig gesammelt und ausgewertet werden, auch von Privatunternehmen und Konzernen, die damit Handel treiben. In den USA verkaufen sogenannte »Data Broker«, also Datenhändler, beispielsweise hochsensible personenbezogene Daten, etwa über bestimmte Krankheiten oder sexuelle Orientierungen, ganz selbstverständlich an die Pharmaindustrie, und niemand scheint sich daran zu stören.

In Europa, vor allem in Deutschland, ist das – noch – anders. Mit dem berühmten Volkszählungsurteil von 1983 schuf das Bundesverfassungsgericht das »Grundrecht auf informationelle Selbstbestimmung«. Es besagt nichts anderes, als dass ein Mensch ein Recht darauf hat zu wissen, was mit seinen Daten geschieht und wer sie überhaupt bekommen darf. Er soll selbst bestimmen dürfen, was andere von ihm erfahren. Eigentlich haben die Verfassungsrichter damit eine Selbstverständlichkeit formuliert. Heute inzwischen klingt das Urteil wie eine Farce – schließlich geben zig Millionen Deutsche heute längst freiwillig sensibelste Daten an große Wirtschaftsunternehmen preis, die damit wiederum Milliarden verdienen.

Allein diese Tatsache kann man schon verwerflich finden. Aber ständige Beobachtung macht auch etwas mit einem. Der oberste deutsche Verbraucherschützer Klaus Müller, Vorstand des Bundesverbands der Verbraucherzentralen, hat das einmal sehr schön mit einem Beispiel erklärt. »Der Kanzler oder die Kanzlerin von 2050 ist heute zwölf Jahre alt, genau wie meine Tochter. Man braucht nicht viel Fantasie, um sich vorzustellen, was Geheimdienste in Zukunft alles über unsere Kanzler in Erfahrung bringen können, allein indem sie im Internet nachsehen.« Unbedachte Äußerungen in der Vergangenheit seien für normale Menschen vielleicht peinlich, für Politiker oder Konzernlenker aber könnten sie das Karriereende bedeuten. Was, so Müller, wiederum zu der Frage führe: »Wollen wir in Zukunft nur Politiker und Vorstandschefs, die stromlinienförmig und angepasst durchs Leben gegangen sind?«[111]

In der Tat eine grauenhafte Vorstellung. Schwierig wird die Sache aber dann, wenn die gesammelten Daten dazu dienen, den einzelnen Menschen zu manipulieren – bewusst oder unbewusst. Wenn zum Beispiel Suchmaschinen nach einer Weile ein Benutzerprofil ausbilden und dem Nutzer fast nur noch Daten aus den von ihm ohnehin bevorzugten Quellen liefern. Irgendwann schränkt das die Möglichkeit ein, sich frei und unvoreingenommen eine Meinung zu bilden. Bundesjustizminister Heiko Maas (SPD) hat das einmal auf die Formel gebracht: »Wenn die Autos zu rollenden Computern werden, die unser Fahrverhalten erforschen, wenn der Kühlschrank unser Lieblingsessen ermittelt und unser Smartphone schon heute weiß, welchen Klick wir morgen tun, dann droht eine deterministische Gesellschaft mit weniger Freiheit und Selbstbestimmung.«[112]

Die Weltverschwörung findet nicht statt

Doch die Weltverschwörung findet nicht statt, wahrscheinlich ist alles nur ein unerwünschter Nebeneffekt der Datensammelwut zum Zwecke der Profitsteigerung; nach irgendwelchen finsteren politischen Absichten dahinter braucht man gar nicht zu suchen.

Das tut man in den Vereinigten Staaten sowieso nicht, im Gegenteil: Eine Verschwörung gegen die freie Welt sieht man eher in der Gesetzgebung der EU. Zwei Jahre lang hat man in Brüssel an einer neuen europäischen Datenschutz-Grundverordnung gearbeitet, bis sie im März 2014 dann endlich vom Europaparlament in erster Lesung beschlossen wurde. Bis sie endgültig verabschiedet werden kann, wird es wohl Anfang 2015 werden. Vorausgegangen waren schier endlose Verhandlungen. Die US-Handelskammer hatte sogar eigens etwa 80 Lobbyisten nach Brüssel entsandt, um das Ergebnis in ihrem Sinne zu beeinflussen, und auch die großen Internetkonzerne wie Amazon, Google, Facebook und Co. sollen immer wieder vorstellig geworden sein. Auch der Europa-Botschafter der USA war sich nicht zu schade dafür, gegen zentrale Forderungen der Verordnung zu protestieren. Gegen wesentliche Punkte gab es auch Widerstand innerhalb der EU. Besonders Großbritannien und Irland sowie das kleine Luxemburg sahen übertriebenen Eifer am Werk. Was auch damit zusammenhängen mag, dass aus Gründen des niedrigeren Datenschutzniveaus und wegen der geringeren Steuerbelastung relativ viele große Datensammler auf den Britischen Inseln ihre Europazentralen errichtet haben.

Dabei ist die EU-Datenschutz-Grundverordnung, wie so vieles in der Gemeinschaft, ohnehin ein Kompromiss und keineswegs vorbildhaft. Immerhin: Als oberstes Prinzip gilt, dass Daten künftig nur noch mit ausdrücklicher Einverständniserklärung gesammelt werden dürfen und Verstöße recht empfindlich geahndet werden können. Die Strafe kann bis zu fünf Prozent des weltweiten Umsatzes einer Firma betragen; entscheidend ist dabei, wo die Firma tätig ist, und nicht, wo sie offiziell ihren Sitz hat. Sobald sie mit ihren Angeboten EU-Bürger bedient, kann sie auch belangt werden.

Man kann sich vorstellen, dass Firmen, deren Geschäftsmodell auf der Verwertung aller erdenklichen Nutzerdaten beruht, solchen Regelungen eher reserviert bis verständnislos gegenüberstehen. Und deshalb haben sie natürlich das allergrößte Interesse daran, auch weiterhin möglichst unbehelligt Daten abzusaugen.

Ein Freihandelsabkommen wie TTIP kann da hilfreich wirken, ohne dass es sich explizit mit dem Thema Datenschutz befasst. Denn schließlich geht es darum, Standards einander anzunähern oder sie doch wenigstens wechselseitig anzuerkennen. Dass die EU mit ihren Datenschutzvorstellungen die Geschäftsmodelle von Google, Facebook, Microsoft, Amazon und Co. teurer macht, steht außer Frage. Und so könnte man durchaus darüber nachdenken, ob es nicht notwendig wäre, hier die Standards etwas zu senken, sprich: den amerikanischen anzunähern. Zur Not auf juristischem Wege, und sei es per Schiedsgerichtsverfahren.

Ziemlich wahrscheinlich wäre dieser Schritt, falls es doch noch zu einer unabhängigen, von einer Stiftung der europäischen Länder betriebenen europäischen Suchmaschine käme, wie es Datenschutzorganisationen seit Langem vorschlagen. Mit TTIP könnte man solche und ähnliche Vorhaben sofort begraben. Denn es wäre zweifellos eine überstaatliche Maßnahme, welche die Investitionen kommerzieller Suchmaschinen gefährden oder gar wertlos machen würde – ein klarer Fall von Verstoß gegen das Freihandelsabkommen.

Bei zu viel Datenschutz hilft immer noch TiSA

Allzu viele Sorgen müssen sich die Datensammler aber sowieso nicht machen: Es gibt ja noch TiSA. Das internationale Freihandelsabkommen über Dienstleistungen befasst sich selbstverständlich mit Datenschutzfragen. Das Verhandlungsmandat für TiSA sieht vor, »neue und weiterführende Disziplinen« zu entwickeln, was das Internet, den elektronischen Handel und den grenzübergreifenden Datenverkehr angeht – persönliche Informationen über die Nutzer, Cloud-Computing-Dienste und digitale Waren sind also davon betroffen. Der US-Handelsvertreter Michael Froman hat bereits bemängelt, dass der Datenschutz in vielen beteiligten Ländern »zu weit gefasst« sei und die »globale Erbringung von Dienstleistungen« behindere.[113] Das sei sicher nicht beabsichtigt und müsse deshalb nach Möglichkeit geändert werden. Aus Sicht der Industrie ist der freie Datenaustausch unabdingbar, um global tätig zu werden.

Auf dem Weg über TiSA soll nach den Vorstellungen der amerikanischen Verhandlungsdelegation die Verpflichtung zum freien Marktzugang und zur Inländerbehandlung auch auf das Internet angewendet werden. Daran wird wohl kaum ein Weg vorbeiführen, gegen den elektronischen Handel und Cloud-Computing als neuartige Dienstleistungen ist schließlich wenig zu sagen. Aber die Amerikaner wollen auch die von Europa beabsichtigte Regelung zu Fall bringen, wonach ausländische Unternehmen alle Daten in dem Land, in dem sie damit Geschäfte machen, auf einem Server in ebendiesem Land speichern müssen. Diese sogenannte »forced localisation« ist für die Amerikaner zu viel des Zwangs.

Zur Not will man die europäischen Bestimmungen Stück für Stück aufbrechen. So fordern die USA in Artikel 11 des TiSA-Abkommens, jeder Unterzeichnerstaat müsse beispielsweise Finanzkonzernen erlauben, Informationen frei aus seinem Gebiet zu transferieren. »Das ist ein Angriff auf den europäischen Datenschutz«, zitiert die *Süddeutsche Zeitung* den grünen EU-Abgeordneten Sven

Giegold: »Die Gefahr ist, dass zum Beispiel Kontodaten von Bürgern und Firmen aus Europa abfließen – und der US-Regierung und den Geheimdiensten zur Verfügung stehen.«[114]

Nun kann man durchaus der Ansicht sein, das sei ohnehin längst gängige Praxis. Die Enthüllungen über die Arbeit der NSA und ihrer willfährigen europäischen Helfer in den Geheimdiensten stützen diese Ansicht jedenfalls. Dennoch kann das kein Grund sein, die gängige, widerrechtliche Praxis in einem Freihandelsabkommen sozusagen nachträglich zu billigen und sämtliche Waffen freiwillig zu strecken.

Immerhin ist eine Umkehr der Entwicklung durchaus vorstellbar. Was TTIP und TiSA vorsehen, nämlich die Unumkehrbarkeit einer einmal beschlossenen Regelung, ist in der Realität alles andere als das. Es ist sehr wohl vorstellbar, dass man hohe Datenschutz-Standards anwendet und auch in einem völkerrechtlich verbindlichen Abkommen festschreibt. Voraussetzung ist allerdings, dass ein solches Abkommen nicht nur die Interessen großer Akteure des Wirtschaftslebens bedient, sondern sich auch um die Interessen der kleineren kümmert. Dabei handelt es sich freilich um ein grundsätzliches Problem bei jenen einschlägigen Vertragswerken, die sich mit dem freien Handel beschäftigen. Und dann gibt es da noch die Geheimdienste, die anscheinend längst vorweggenommen haben, was manche in der Netzgemeinde fürchten.

Freilich tun sich bisweilen auch überraschende Allianzen auf. Der deutsche Branchenverband und Interessenvertreter von mehr als 2000 Unternehmen der Informations- und Kommunikationsindustrie BITKOM erklärt zu TTIP, man unterstütze eine Fortentwicklung und Neuverhandlung des »Safe Harbor«-Abkommens mit dem Ziel einer stärkeren Betonung europäischer Datenschutz-Standards, bei der wirklich alle Interessenvertreter ein Mitspracherecht bekommen sollten.[115] Nur so ließe sich verlorenes Vertrauen wiedergewinnen.

Manchmal sind die Lobbyisten tatsächlich ein Stück weiter als diejenigen, die sie mit ihrer Arbeit doch eigentlich beeinflussen sollen.

Wohin mit den Freihandels-abkommen?

Am besten in den Papierkorb und dann neu verhandeln nach den Grundregeln von Transparenz und Gemeinnutz

Ganz unproblematisch scheinen Freihandelsabkommen nicht zu sein, das kann man als Fazit fürs Erste festhalten. Sicher werden die Maximalforderungen großer Wirtschaftsunternehmen und Konzerne nicht eins zu eins umgesetzt, nur verlassen sollte man sich darauf nicht. Was droht, sind Investor-Staats-Klagen, Schadensersatzforderungen in Millionenhöhe, die Zulassung gentechnisch veränderter Lebensmittel und Hormoneinsatz in der Viehzucht, der Umbau der Landwirtschaft hin zu einem weiteren Zweig der Industrie mit immer größeren Betrieben, die Privatisierung öffentlicher Dienstleistungen, die erneute Entfesselung der Finanzwirtschaft, außerdem Fracking, die Rücknahme von sozialen Errungenschaften, der Verzicht auf das Vorsorgeprinzip und die endgültige Aushöhlung des Datenschutzes. All das ist schlimm genug und wiegt die möglichen Vorteile der Freihandelsabkommen, die abgeschlossen werden sollen, bei Weitem auf. Wenn man die Maßstäbe der Demokratie zum leitenden Prinzip macht und nicht den Primat der reinen ökonomischen Lehre, dann sind die Maximalforderungen der Marktradikalen einfach indiskutabel.

Aber ist die Idee des Freihandels deshalb in Bausch und Bogen zu verdammen, ebenso wie die dazugehörigen Abkommen? Keineswegs. Man könnte den freien Handel schließlich auch ganz anders denken. Nicht als letztes Gefecht der neoliberalen Wirtschaftsschule, die den Unternehmenserfolg über beinahe alles andere setzt, sondern als Mittel zur Verschönerung der Welt. Was ebenfalls die Abschaffung unsinniger Handelshürden, wie verschiedene Sichtwinkel von Autorückspiegeln oder absurd hohe Zölle auf französische Lederschuhe, bedeuten würde. Solche Dinge müssten sich unter vernünftigen Menschen vergleichsweise einfach und schnell regeln lassen, ohne dass man zugleich wieder ein selbstmörderisches Kapitalmarktsystem einführt und die Finanzwelt wieder schalten und walten lässt wie vor dem großen Crash von 2007 oder gar noch ärger. Oder dass man Konzernen Sonderrechte einräumt, mit denen sie sich Millionensummen gleich direkt beim Steuerzahler abholen können, ohne den Umweg über Marketing und Vertrieb gehen zu müssen.

Genauso gut ist vorstellbar, dass man Handelsabkommen mit einem Höchstmaß an Verbraucherschutz abschließt, wovon jeder Bürger im gesamten Freihandelsgebiet profitieren würde. Hohe soziale Standards könnten ebenfalls verbindlich festgeschrieben werden – oder zumindest die Grundnormen der Internationalen Arbeitsorganisation ILO. Öffentliche Dienstleistungen, wie Bildung, Wasserversorgung, Transport, Verkehr und Post, könnten als vornehmste hoheitliche Aufgaben von jeglicher Liberalisierung und vor allem Privatisierung ausgenommen werden. Man könnte, wie es einst im römischen Recht üblich war, wieder Allgemeingüter bestimmen, mit denen nicht gehandelt werden darf, weil jeder sie zum Leben braucht, wie Luft, Wasser und Sonnenlicht. Und denkbar wäre auch, der Politik das letzte Wort zu lassen und das Recht einzuräumen, Gesetze auch wieder zu ändern, wenn sie es für nötig hält, ohne dass solche Maßnahmen einem großen Konzern die Möglichkeit gäben, absurde Fantasiesummen einzufordern. Auch verbesserte Umweltschutzauflagen und effiziente Klimaschutzziele könnten für eine Freihandelszone festgelegt werden.

Aber leider kommen die Vorgaben für die jeweiligen Freihandelsabkommen, ob TTIP, CETA oder TiSA, nicht von Menschen, denen solche Dinge wichtig sind, sondern von Menschen, die vollkommen andere Interessen verfolgen, nämlich den Profit und das Wohlergehen ihrer Unternehmen zu steigern. Auch diese Interessen sind berechtigt, aber sie dürfen nicht die einzigen sein, die in einem Abkommen berücksichtigt werden, das die Lebenswirklichkeit von Hunderten Millionen von Menschen bestimmt. Abkommen wie TTIP, CETA oder TiSA sollten den Interessen von 820 Millionen Europäern und Amerikanern dienen und nicht einer kleinen Handvoll einflussreicher Wirtschaftsunternehmen oder dem verschwindend geringen Prozentsatz jener, die überhaupt Aktien eines Großkonzerns besitzen.

Deshalb ist ein Umdenken notwendig. Die Verhandlungsmandate für Freihandelsabkommen dürfen nicht von Lobbyverbänden entworfen werden, sondern von den Interessenvertretern der gesamten Bevölkerung. Nur das wäre wirklich gelebte Demokratie. Und eigentlich sollte so etwas selbstverständlich sein. Trotzdem kommt uns dieser Gedanke irgendwie seltsam und weltfremd vor. Wir haben uns anscheinend schon daran gewöhnt, dass nicht mehr wir es sind, die Politik bestimmen, sondern dass diese Politik für uns gemacht wird. Und das nicht einmal von jenen, die wir gewählt haben, sondern von anderen, die wir gerade nicht gewählt haben und die von unseren gewählten Politikern eigentlich im Zaum gehalten werden sollten.

Der Widerstand gegen den Ökonomismus formiert sich

Aber das scheint nicht zu funktionieren. Und so ist passiert, was in solchen Fällen immer passiert: Kleine und große Gruppen, Verbände, Vereinigungen, Initiativen, Gewerkschaften, Kirchen, einzelne kleinere Parteien und andere Akteure der Zivilgesellschaft haben die Initiative ergriffen – peinlich genug für die Politikerkaste in den westlichen Staaten. Aber längst sind es Organisationen wie Campact, Bund Naturschutz, Greenpeace, Attac, sind es Gewerkschaften auf beiden Seiten des Atlantiks, ist es mit Public Citizen aus den USA die größte Verbraucherschutzorganisation der Welt, die ihren Protest gegen schrankenlosen Wirtschaftsliberalismus lautstark artikulieren. Und es gibt kleinere Parteien, in Europa allen voran die Grünen, die keine Freihandelsabkommen wollen, welche einseitig nur den Interessen der Wirtschaft dienen. Sie finden übrigens Unterstützung in nahezu allen Parteien – auch bei den großen, bei denen es sich keineswegs um monolithische Blöcke handelt, die rückhaltlos die Politik des Freihandels, wie sie von der EU und der US-Regierung verfolgt wird, unterstützen. Im Gegenteil: Je mehr Details über die Verhandlungen an die Öffentlichkeit dringen, desto mehr wächst auch die Skepsis, bis weit in bürgerliche Kreise hinein.

Es sind ja nicht nur ein paar versprengte Linke und Umweltschützer auf der Suche nach einem neuen Betätigungsfeld mit Empörungspotenzial, wie konservative Kommentatoren unterstellen. Die Ablehnung kommt aus den unterschiedlichsten Gesellschaftsschichten, weil sich an allen Ecken und Enden des geplanten Vertragswerks mannigfache Ansatzpunkte für Kritik finden lassen. So forderten zum Beispiel mehr als einhundert deutsche Wissenschaftler – Wirtschaftsexperten, Juristen, Mediziner, Politik- und Naturwissenschaftler –, darunter gut 80 Professoren, in einem Offenen Brief an Bundeskanzlerin Angela Merkel einen Stopp der TTIP-Gespräche. Das Abkommen wirke tief in die Grundlagen der Gesellschaft und beeinträchtige eine soziale, ökologisch-nachhaltige und zukunftsfähige Gestaltung Deutschlands und Europas, hieß es dort.[116]

Bereits im November 2013 hatten sich etwa 50 Nichtregierungsorganisationen aus allen möglichen Bereichen zusammengetan, um über mögliche Folgen von Freihandelsabkommen zu informieren und Kampagnen zu organisieren. Den Schwerpunkt bildete dabei das geplante transatlantische Abkommen, und man kann sagen, dass es dem Netzwerk hervorragend gelungen ist, das Thema an die Öffentlichkeit zu bringen.

Die Europäische Kommission ist offenbar völlig überrascht worden vom Umfang der Kampagne und von dem Widerhall, den sie fand. Der damalige Handelskommissar De Gucht hatte dem wenig entgegenzusetzen: Wer Transparenz schon im Ansatz verweigert, darf schließlich nicht allzu viel Vertrauen erwarten. Zudem hatte sich das öffentliche Interesse stark verlagert. Waren frühere Freihandelsabkommen völlig geräuschlos über den Tisch gegangen, so will inzwischen eine breite Öffentlichkeit wissen, was da in ihrem Namen ausgemauschelt wird.

Bis Mai 2014 hatten Nichtregierungsorganisationen bereits gut eine halbe Million Unterschriften gegen das gesammelt, was von TTIP bis dahin bekannt geworden war. Mitte Mai 2014 demonstrierten nach Angaben von Attac mehr als 10 500 Menschen bei Kundgebungen in Berlin, Düsseldorf, Hamburg und Stuttgart. Auch in Rom, Paris oder Madrid gingen Tausende auf die Straße – erstaunlich bei einem doch sehr spröden Thema wie einem geplanten Handelsabkommen. Und als am 15. Mai 2014 während des Europäischen Wirtschaftsgipfels in Brüssel gegen TTIP demonstriert wurde, kam es regelrecht zu Massenverhaftungen. Die Polizei nahm mehr als 200 Personen fest, darunter sogar einige EU-Abgeordnete.

Den Protest konnte das nicht stoppen, eher im Gegenteil. Mehr als 240 internationale Organisationen beantragten im September 2014 eine Europäische Bürgerinitiative. Dieses Instrument, das der Vertrag von Lissabon vorsieht, ermöglicht es, ein Vorhaben direkt vor die Europäische Kommission zu bringen, die sich dann damit befassen muss. Die Hürden sind allerdings hoch: Es müssen in zwölf Monaten insgesamt eine Million gültige Unterschriften in einem Viertel aller EU-Staaten gesammelt werden. Zum ersten und bislang einzigen Mal überhaupt hatte die Initiative »Wasser ist ein Menschenrecht«, die sich gegen die Privatisierung von kommunalen Wasserversorgern wandte, das geforderte Quorum im September 2013 erreicht, mit 1,8 Millionen Unterschriften. Die EU-Kommission, die eine solche Europäische Bürgerinitiative genehmigen muss, ließ die gegen TTIP freilich nicht zu, wogegen die Organisatoren bald darauf beim Europäischen Gerichtshof Klage einreichten. Die

Entscheidung darüber fällt wohl erst im Laufe des Jahres 2015. Vorsichtshalber haben die TTIP-Gegner jedoch schon mit dem Unterschriftensammeln begonnen. In den ersten drei Monaten war bereits eine Million zusammengekommen.

Ob der formale Status der Europäischen Bürgerinitiative nun doch noch anerkannt wird oder nicht: Völlig missachten kann die EU-Kommission dieses Votum längst nicht mehr. Die Front bröckelt ja bereits, besonders in den nationalen Parlamenten, und in den Städten und Gemeinden sowieso. Dort fürchtet man längst, dass die Freihandelsabkommen neuerer Art viele Freiheiten zunichtemachen werden. Je mehr Details durchsickern, desto beunruhigter wird die Öffentlichkeit. Exemplarisch zu beobachten ist dies an Kanada und dessen Freihandelsabkommen CETA mit der Europäischen Union: Seit der Wortlaut des Abkommens in Kanada bekannt ist, kochen die Emotionen hoch. Man begreift mit einem Mal, dass durch CETA Programme zur Förderung regionaler Erzeuger nicht nur in der Landwirtschaft hinfällig werden. Dass die Patentfristen verlängert werden sollen, Generika deshalb später auf den Markt kommen und die Gesundheitskosten ansteigen werden. Dass die öffentlichen Ausschreibungen künftig auch Europäer berücksichtigen müssen und die örtlichen Bewerber nicht mehr bevorzugt werden dürfen. Und dann erinnerten sich die Kanadier daran, dass sie sich derzeit mit 35 Klagen von Investoren vor Schiedsgerichten herumschlagen müssen, die aus dem NAFTA-Vertrag resultieren. Mehr als 116 Millionen Euro haben solche Klagen den kanadischen Steuerzahler bislang schon gekostet.

Diese Zukunft droht natürlich auch den Europäern und US-Amerikanern, sollte TTIP in etwa so umgesetzt werden, wie es bislang konzipiert ist. Denn es entspricht ja in vielem dem CETA-Abkommen.

Was eigentlich auf die Agenda sollte

Wie aber könnte ein Handelsabkommen aussehen, das nicht nur die Vorteile einiger weniger Großunternehmen im Blick hat?

Das ist eine Frage, mit der man sich beschäftigen muss, wenn man nicht zufrieden ist mit dem, was einem die EU-Kommission und die US-Regierung mitsamt ihrer »High Level-Group« vorsetzen wollen. Diese drei verfolgen ihre eigenen Interessen, sie brauchen Erfolge für das, was man pauschal »die Wirtschaft« nennt, und sie unterliegen dem Glauben, dass, was für die Wirtschaft gut ist, auch für alle anderen gut ist. Allerdings gibt es eine Menge Gründe, das für einen Irrglauben zu halten.

Gerechterweise muss man sagen: Ein Freihandelsabkommen hat in erster Linie die Aufgabe, den Handel zu erleichtern, es soll nicht die Welt in all ihren Facetten verbessern. Aber man kann Wert darauf legen, dass bei den Erleichterungen für den Handel ein paar Dinge berücksichtigt werden, deren Nichtberücksichtigung das Leben für sehr viele Menschen, die mit den Folgen der Globalisierung zu kämpfen haben, enorm erschweren würde. Man kann sogar mit Fug und Recht verlangen, dass ein solches Abkommen auch die schlimmen Folgen der Globalisierung lindert oder gar aufhebt.

Wenn man das will, dann muss so ein Freihandelsabkommen aber auch ein paar Grundprinzipien anerkennen oder zumindest Rücksicht darauf nehmen.

Ganz oben steht dabei das Bekenntnis zu demokratischen Entscheidungsprozessen und rechtsstaatlichen Grundsätzen. Das bedeutet, dass politische oder juristische Entscheidungen nicht einfach übergangen oder umgangen werden dürfen, wenn sie »der Wirtschaft«, aus welchen Gründen auch immer, nicht genehm sind. Allein, dass man diesen Punkt überhaupt betonen muss, zeigt schon, auf welchem Irrweg man sich mit den Freihandelsabkommen neuen Stils befindet.

Aus dem grundsätzlichen Primat der Politik ergibt sich eine Reihe weiterer Forderungen. Dass Freihandelsabkommen beispielsweise der Politik verschiedene Wege ermöglichen müssen und Entwicklungen nicht vorwegnehmen dürfen, über die noch gar nicht entschieden worden ist – und auch gar nicht entschieden werden soll. Sie dürfen also zum Beispiel nicht verhindern, was eine wachsende Zahl von Bürgern immer wichtiger findet: eine Landwirtschaft, die wegführt von Massentierhaltung, schonungslosem Ressourcenverbrauch, Überdüngung des Bodens, zunehmender Internationalisierung des Handels mit Agrarerzeugnissen, verschärfter Industrialisierung und immer größeren Produktionseinheiten. Solche Abkommen müssen auch eine Regionalisierung ermöglichen und das umweltschonende System der kurzen Wege, sie sollten kleinere Höfe unterstützen und Anreize geben, auch auf dem flachen Land wieder Arbeitsplätze zu schaffen. Auch Wertschöpfung am Ort sollten solche Abkommen international ermöglichen, anstatt die Wertschöpfung international an wenigen Finanz- und Handelsstandorten zu konzentrieren.

Freihandelsabkommen haben keineswegs die Aufgabe, diese politischen Forderungen durchzusetzen. Aber sie müssen so gestaltet sein, dass sie diese Forderungen auch nicht torpedieren oder ihre Umsetzung unmöglich machen.

Dies gilt vom Grundsatz her auch für viele andere Politikbereiche. Denn auch wenn man einem Handelsabkommen nicht zu viele Zielen aufbürden will und zumindest politische Neutralität fordert, eine Aufgabe hat es immer: Es soll dem Gemeinwohl dienen und den Wohlstand möglichst vieler, wenn nicht gar aller Bürger der an dem Abkommen beteiligten Staaten befördern. Das heißt, Fragen der gerechten Verteilung von Arbeit, Nahrung und Rohstoffen gehören durchaus hinein. Ein solches Abkommen muss sich mit der Bekämpfung des Hungers auseinandersetzen, mit dem Klimawandel, mit den Menschenrechten – und das nicht nur in Form unverbindlicher Absichtserklärungen. Und dann werden einige dieser Forderungen recht schnell konkret. Wie steht es zum Beispiel um den Schutz von Arbeitnehmerrechten? Um die Sicherheit des Verbrauchers vor gesundheitsgefährdenden Produkten? Wie steht es um den Schutz seiner Daten? Und wozu sind Patente eigentlich da, wie weit darf der Schutz des Eigentums von Aktionären vor den Interessen von Kranken gehen, die sich medizinische Behandlungen wegen hoher Kosten für Medikamente nicht leisten können? Wem nützt eigentlich ein entfesselter Finanzmarkt?

Das alles lässt sich in einem Freihandelsabkommen natürlich nicht endgültig regeln. Aber es sind Fragen, die beantwortet werden müssen oder die man sich stellen muss, bevor man ein Handelsabkommen schließt.

In diesem Buch ging es um all diese Fragen, und am Ende kann man festhalten, dass das düstere Gemälde aus dem ersten Kapitel immer noch Wirklichkeit werden kann, auch wenn europäische Handelskommissare und amerikanische Handelsbeauftragte etwas anderes behaupten. Die Freihandelsabkommen neuen Stils sind leider nichts anderes als der Versuch, einer neuen, ökonomistischen Weltordnung zum Durchbruch zu verhelfen, in deren Mittelpunkt einzig und allein der Homo oeconomicus steht. Werden sie eins zu eins umgesetzt, bedeuten sie den Ausverkauf demokratischer Werte zugunsten einer Machtübernahme durch das reine Wirtschaftsdenken, dem alles andere untergeordnet wird.

Dieser Versuch ist allerdings so dreist und offensichtlich, dass durchaus Anlass zu der Hoffnung besteht, ihn zum Scheitern zu bringen. Immerhin ist nur schwer vorstellbar, dass sowohl der amerikanische Kongress als auch die 28 nationalen Parlamente der Europäischen Union bereit sein könnten, sich ihre Kompetenzen stark beschneiden zu lassen, wie es durch TTIP geschehen könnte. Vorstellbar ist allerdings auch, dass sie sich am Ende mit Kompromissen zufriedengeben werden, die einseitig einige wenige zu Lasten einer großen Mehrheit bevorzugen und die Gewinne aus dem von der Allgemeinheit erwirtschafteten Bruttosozialprodukt auf die Konten einer Minderheit schaufeln und es der Gesellschaft überlassen, mit den Verlusten fertig zu werden.

Aus diesem Grund ist die Zivilgesellschaft, und das sind wir alle, gefordert. Es geht um nichts weniger als darum, ein Denken zu verteidigen, das am Gemeinwohl orientiert ist, und es geht um Freiheiten, die verteidigt werden müssen. Die Freiheit des Handels ist dabei zugegebenermaßen nicht die wichtigste.

Aber das sollte sie auch gar nicht sein.

Literaturverzeichnis

Cardoso, Daniel/Mthembu, Philani/Venhaus, Marc/Verde Garrido, Miguelángel: *The Transatlantic Colossus. Global Contributions to Broaden the Debate on the EU-US Free Trade Agreement*, Berlin 2013

Eberhardt, Pia/Olivet, Cecilia: *Profiting from Injustice. How Law Firms, Arbitrators and Financiers Are Fuelling an Investment Arbitration Boom*, Brüssel/Amsterdam 2012

Gammelin, Cerstin/Löw, Raimund: *Europas Strippenzieher. Wer in Brüssel wirklich regiert*, Berlin 2014

Glunk, Fritz R. (Hrsg.): *Das MAI und die Herrschaft der Konzerne*, München 1998

Keller, Ska (Hrsg.): *Das Freihandelsabkommen mit den USA in der Kritik*, Brüssel 2013

Klimenta, Harald/Fisahn, Andreas, u. a. (Hrsg.): *Die Freihandelsfalle. Transatlantische Industriepolitik ohne Bürgerbeteiligung – das TTIP*, Hamburg 2014

Stiglitz, Joseph: *Die Schatten der Globalisierung*, München [5]2004

Anmerkungen

1 Barroso bei einer gemeinsamen Pressekonferenz mit US-Präsident Barack Obama, nachzulesen unter http://ec.europa.eu/archives/commission_2010–2014/president/news/archives/2013/06/20130617_2_de.htm, abgerufen am 13. August 2014

2 http://www.nytimes.com/2013/10/09/business/international/european-officials-consulted-business-leaders-on-trade-pact-with-us.html?_r=1&

3 Hagelüken, Alexander/Liebrich, Silvia: »Mann im Feuer«, *Süddeutsche Zeitung* vom 22. Mai 2014

4 Wettach, Suilke: »TTIP-Gegner legen EU-Kommission lahm«, *Wirtschaftswoche* vom 19. Juli 2014

5 Gammelin, Cerstin: »Es gibt keinen Grund, Angst zu haben«, Interview mit Karel De Gucht, *Süddeutsche Zeitung* vom 17. Januar 2014, S. 7

6 Hagelüken, Alexander/Liebrich, Silvia: »Mann im Feuer«, *Süddeutsche Zeitung* vom 22. Mai 2014, S. 19

7 Bauchmüller, Michael: »Harte Verhandlungen bin ich gewohnt«, *Süddeutsche Zeitung* vom 13. November 2014, S. 21

8 A. a. O.

9 Bauchmüller, Michael: »Abgekommen«, *Süddeutsche Zeitung* vom 6. Mai 2014, S. 2

10 Buchter, Heike/Uchatius, Wolfgang/Pinzler, Petra: »Was handeln wir uns da ein?«, *Die Zeit* vom 26. Juni 2014, S. 13–15

11 Balser, Markus/Cáceres, Javier: »Pssst!«, *Süddeutsche Zeitung* vom 25. April 2014, S. 19

12 Fariza, Ignacio: »Operation Einflussnahme«, *Süddeutsche Zeitung* vom 8. Mai 2014, S. 16

13 http://www.alter-eu.org/sites/default/files/documents/Broken_Promises_web.pdf

14 Hecking, Claus: »EU versagt im Anti-Lobby-Kampf«, Spiegel online vom 6. November 2013

15 Brühl, Jannis: »Im Griff der Lobbyisten«, *Süddeutsche Zeitung* vom 12. November 2013, S. 20

16 A. a. O.

17 Herwartz, Christoph: »Das Bali-Paket ist ein Desaster«, n-tv-Website vom

1. Dezember 2013, http://www.n-tv.de/politik/Das-Bali-Paket-ist-ein-Desaster-article11890926.html, abgerufen am 19. Juni 2014

18 Bundeszentrale für politische Bildung, http://www.bpb.de/nachschlagen/zahlen-und-fakten/globalisierung/52575/auslaendische-direktinvestitionen-pro-jahr, abgerufen am 19. Juni 2014

19 Merk, Kurt-Peter: »Eine kritische Kommentierung des Multilateralen Abkommens über Investitionen«, in: Glunk, Fritz R. (Hrsg.): *Das MAI und die Herrschaft der Konzerne,* München 1998, S. 144

20 Ebd., S. 151

21 Ebd.

22 Das Dokument ist einsehbar auf der Website der ARD-*Tagesschau:* http://www.tagesschau.de/download/ceta-dokument-101.pdf. Auf der Tagesschau-Homepage kann man auch die vollständigen CETA-Dokumente als ZIP-Datei herunterladen.

23 Trans-Pacific-Partnership, zu deutsch: Transpazifische Partnerschaft

24 https://wikileaks.org/tpp/static/pdf/Wikileaks-secret-TPP-treaty-IP-chapter.pdf

25 TiSA steht für Trade in Services Agreement. Verhandlungspartner sind Australien, Kanada, Chile, Chinesisch Taipeh, Kolumbien, Costa Rica, Hongkong, Island, Israel, Japan, Liechtenstein, Mexiko, Neuseeland, Norwegen, Pakistan, Panama, Paraguay, Peru, Südkorea, die Schweiz, die Türkei, die USA sowie die EU.

26 Laut der rheinland-pfälzischen Wirtschaftsministerin Eveline Lemke, in: Lemke, Eveline: »Die EU verspielt eine große Chance«, *Zeit Online* vom 27. Januar 2014, abgerufen am 28. Februar 2014

27 Buchter, Heike/Uchatius, Wolfgang/Pinzler, Petra: »Was handeln wir uns da ein?«, *Die Zeit* vom 26. Juni 2014, S. 13–15

28 Liebrich, Silvia: »Zu viele Geheimnisse – Handelsabkommen: Abgeordnete sehen sich schlecht informiert«, *Süddeutsche Zeitung* vom 24. Februar 2014, S. 21

29 Liebrich, Silvia: »Blackbox Freihandel«, *Süddeutsche Zeitung* vom 11. Dezember 2013, S. 19

30 Pinzler, Petra: »Fair handeln!«, *Die Zeit* vom 15. Mai 2014, S. 28

31 Ebd.

32 Liebrich, Silvia, »Zu viele Geheimnisse …«, a. a. O.

33 Hagelüken, Alexander/Liebrich, Silvia: »Mann im Feuer«, *Süddeutsche Zeitung* vom 22. Mai 2014, S. 19

34 Bauchmüller, Michael/Bohsem, Guido: »Wir können ein anderes Europa bauen«, *Süddeutsche Zeitung* vom 10. Juni 2014, S. 21

35 Ossowski, Maria: »Warum die Kunstszene die TTIP-Verhandlungen fürchtet«, Deutschlandfunk vom 19. Mai 2014, http://www.deutschlandfunk.de/freihan delsabkommen-warum-die-kunstszene-die-ttip.724.de.html?dram:article_ id=285838, abgerufen am 28. Mai 2014

36 Stiglitz, Joseph: »Die Schatten der Globalisierung«, München ⁵2004, S. 14 f.

37 Hagelüken, Alexander: »Ideen eines Freihändlers«, *Süddeutsche Zeitung* vom 26. Juni 2014, S. 19

38 Zit. nach Hagelüken, Alexander/Piper, Nikolaus: »Feuer unter Freunden«, *Süddeutsche Zeitung* vom 4. Februar 2014, S. 17

39 Pinzler, Petra: »Fair handeln!«, *Die Zeit* vom 15. Mai 2014, S. 28

40 Brössler, Daniel/Cáceres, Javier: »Freihandel schmackhaft machen«, *Süddeutsche Zeitung* vom 6. Juni 2014, S. 8

41 Sawatzki, Annette: »Konsultieren, um Kritik zu verhindern«, in neues-deutsch land.de vom 17. April 2014, http://www.neues-deutschland.de/artikel/930384. konsultieren-um-kritik-zu-verhindern.html, abgerufen am 3. August 2014

42 Brühl, Jannis/Kolb, Matthias: »Speed-Dating für Lobbyisten«, *Süddeutsche Zeitung* vom 18. Juli 2014, S. 17

43 http://www.bmwi.de/BMWi/Redaktion/PDF/S-T/ttip-abkommen-ziele-und-bedingungen-schutzstandards,property=pdf,bereich=bmwi2012,sprache =de,rwb=true.pdf

44 EU-Kommission: »Die Transatlantische Handels- und Investitionspartner-schaft – Regulierungsaspekte«, Brüssel, September 2013, S. 7

45 Gammelin, Cerstin: »Es gibt keinen Grund, Angst zu haben – EU-Han-delskommissar Karel De Gucht über die Vorteile eines europäisch-ameri-kanischen Freihandelsabkommens«, *Süddeutsche Zeitung* vom 17. Januar 2014, S. 7

46 Schumann, Harald: »Handelszone zwischen USA und EU: Der transatlanti-sche Freihandelsbluff«, *Der Tagesspiegel*, Online-Ausgabe vom 6. November 2001

47 Videobotschaft vom 15. Juni 2013, http://www.bundeskanzlerin.de/Site Globals/Functions/Webs/BKin/RSSFeed/rssVideoAbo.xml?nn=614896

48 A. a. O.

49 Ohne Autorenangabe: »Globalisierung: Gabriel für Freihandel«, *Der Spiegel* vom 24. März 2014, S. 14

50 Stratmann, Klaus: »Gabriel wirbt für Abkommen zwischen EU und USA – Doch der SPD-Chef muss mit einer wachsenden Zahl von Kritikern rech-nen«, *Handelsblatt* vom 4. Februar 2014, S. 10

51 Bei einem Umrechnungskurs von 1,38

52 *Monitor*-Sendung vom 20. Januar 2014

53   Antwort der Bundesregierung auf die Kleine Anfrage der Abgeordneten Johanna Voß, Alexander Ulrich, Dr. Diether Dehm, weiterer Abgeordneter und der Fraktion DIE LINKE vom 16. September 2013, Drucksache 17/14562, abzurufen unter http://dip21.bundestag.de/dip21/btd/17/147/1714755.pdf

54   Ebd.

55   Liebert, Nicola: »Kaum Vorteile, dafür viele Nachteile«, *taz* vom 2. Januar 2014, S. 9

56   A. a. O.

57   Medick, Veit/Meiritz, Annett: »Widerstand gegen Freihandelsabkommen wächst«, *Spiegel Online* vom 3. Februar 2014

58   A. a. O.

59   Wallach, Lori: »TAFTA – die große Unterwerfung«, *Le Monde diplomatique* vom 8. November 2013

60   Medick/Meiritz, a. a. O.

61   Hagelüken, Alexander/Liebrich, Silvia/Piper, Nikolaus: »Zweifelhafter Schutz für Investoren«, *Süddeutsche Zeitung* vom 5. Februar 2014, S. 17

62   Corporate Europe Observatory/Transnational Institute: »Profit durch Unrecht«, Brüssel/Amsterdam, November 2012, abgerufen am 13. August 2014 unter /http://corporateeurope.org/sites/default/files/executive_summary-german_0.pdf

63   Ebd.

64   Zit. nach Kohlenberg, Kerstin/Pinzler, Petra/Uchatius, Wolfgang: »Im Namen des Geldes«, Dossier, *Die Zeit* vom 27. Februar 2014, S. 15 ff.

65   A. a. O.

66   A. a. O.

67   Ebd.

68   Zit. nach Keller, Ska (Hrsg.): *Das Freihandelsabkommen mit den USA in der Kritik,* Brüssel 2013, S. 19

69   Ebitsch, Sandra: »Das Chlorhuhn«, *Süddeutsche Zeitung* vom 11. August 2014, S. 15

70   Gammelin, Cerstin (Interview): »›Es gibt keinen Grund, Angst zu haben‹ – EU-Handelskommissar Karel De Gucht über die Vorteile eines europäisch-amerikanischen Freihandelsabkommens«, *Süddeutsche Zeitung* vom 17. Januar 2014, S. 7

71   Buchter, Heike/Tatje, Claas: »Goliath gegen Goliath«, *Die Zeit* vom 6. Februar 2014, S. 26

72   Börnecke, Stephan: »Zeit für Protest«, *Schrot & Korn* 1/2014, S. 6

73   Zit. nach Wallach, Lori: »TAFTA – die große Unterwerfung«, *Le Monde diplomatique* vom 8. November 2013

74 Hagelüken, Alexander: »Internes Papier zeigt Berlins Skepsis zum Freihandels-
    abkommen«, *Süddeutsche Zeitung* vom 27. Februar 2014, S. 19

75 Liebrich, Silvia: »Angriff auf den Klimaschutz«, *Süddeutsche Zeitung* vom
    19. Juli 2014, S. 25

76 Sheppard, Kate: »Michael Froman Top U. S. Trade Official, Sides With Tar
    Sands Advocates in EU Negotiations«, *Huffington Post* vom 24. September
    2013, www.huffingtonpost.com/2013/09/24/michael-froman_n_3984115.
    html, abgerufen am 13. August 2014

77 Thomsen, Berit: »Bäuerinnen und Bürgerinnen müssen gegenhalten. Agrar-
    industrie will Handelspolitik für sich entscheiden«, in: Keller, Ska (Hrsg.):
    Das Freihandelsabkommen mit den USA in der Kritik, a. a. O., S. 35

78 Klawitter, Nils: »Schlachtplan für Europa«, *Spiegel Online* vom 10. Juni 2014,
    abgerufen am 12. Juni 2014 unter http://www.spiegel.de/wirtschaft/soziales/
    gentechnik-lobbystrategie-von-europabio-a-973630.html

79 Zit. nach Grabar, Edda: »Was nicht wirkt, soll keiner wissen«, *Tagesspiegel*
    vom 1. Juli 2014

80 Hilbig, Sven: »Mögliche Folgen für Entwicklungs- und Schwellenländer«, in:
    Klimenta, Harald/Fisahn, Andreas, u. a. (Hrsg.): *Die Freihandelsfalle. Trans-
    atlantische Industriepolitik ohne Bürgerbeteiligung – das TTIP,* Hamburg
    2014, S. 95

81 Börnecke, Stefan: »US-Großagrarwirtschaft stößt auf EU-Kleinbauern«, in:
    *TTIP: No, we can't – Kein Freihandelsabkommen auf Kosten europäischer Ver-
    braucher!,* hrsg. von Martin Häusling, MEP, Wiesbaden 2013, S. 20 ff.

82 A. a. O., S. 20

83 Alle Angaben nach Stiebitz, Antje: »Landraub vor der Haustür«, *zeo2 – Maga-
    zin für Umwelt, Politik und Neue Wirtschaft,* 1/2014, S. 51 ff.

84 Winter, Steffen: »Ackern bis zum Horizont«, *Der Spiegel* vom 9. Januar 2012,
    S. 40 ff.

85 Ohne Autor: »Gift im Trinkwasser«, *Süddeutsche Zeitung* vom 27. Juni 2013,
    S. 18

86 Balser, Markus: »Tiefe Zweifel«, *Süddeutsche Zeitung* vom 31. Juli 2014,
    S. 21

87 Zit. nach Bauchmüller, Michael/Liebrich, Silvia: »Das gelobte Gas«, *Süddeutsche
    Zeitung* vom 28. Februar 2014, S. 19

88 Ebd.

89 Stuchlik, Stephan/Otto, Kim: »Der große Deal – Geheimakte Freihandels-
    abkommen«, Erstausstrahlung am 4. August 2014 in der ARD-Sendung
    Exklusiv im Ersten, 21.40 Uhr

90 A. a. O., Sendemanuskript, S. 13

91   Zit. nach Sinclair, Scott/Mertins-Kirkwood, Hadrian: »TiSA contra öffentliche Dienste«, veröffentlicht von der Internationale der Öffentlichen Dienste am 28. April 2014, S. 6

92   Scheytt, Stefan: »Auf Anti-Gewerkschaftskurs«, *Magazin Mitbestimmung* 3/2011, online: http://www.boeckler.de/34957_35223.htm

93   Rügemer, Werner: »Von der Freiheit der Arbeiter«, *ver.di publik* 4/2014, S. 16

94   Scheytt, Stefan: »Auf Anti-Gewerkschaftskurs«, *Magazin Mitbestimmung* 3/2011

95   Pinzler, Petra: »Fair handeln!«, *Die Zeit* vom 15. Mai 2014, S. 28

96   Rügemer, »Von der Freiheit der Arbeiter«, a. a. O.

97   Stephan, Felix: »Kulturstaatsstreich – Warum Kulturstaatsministerin Monika Grütters ihre Kritik am transatlantischen Freihandelsabkommen erneuert hat«, *Süddeutsche Zeitung* vom 22. Mai 2014, S. 9

98   *Frankfurter Allgemeine Zeitung* vom 20. Juni 2014

99   Pinzler, Petra: »Fair handeln!«, *Die Zeit* vom 15. Mai 2014, S. 28

100   Ebd.

101   Rügemer, »Von der Freiheit der Arbeiter«, a. a. O.

102   Zit. nach: Hagelüken, Alexander: »T wie Tumult«, *Süddeutsche Zeitung* vom 20. Juni 2014, S. 21

103   https://wikileaks.org/tisa-financial/, abgerufen am 9. August 2014

104   Zit. nach Hagelüken, Alexander/Goetz, John: »USA greifen nach Kontodaten europäischer Bürger«, *Süddeutsche Zeitung* vom 20. Juni 2014, S. 1

105   A. a. O.

106   World Trade Organization: »The General Agreement on Tariffs and Trade (GATT1947)«, Genf 1986, S. 8 und 36, online: http://www.wto.org/english/docs_e/legal_e/gatt47_e.pdf

107   Ohne Autor: »EU ebnet Weg für Freihandelsgespräche«, *Zeit Online* vom 15. Juni 2013, http://www.zeit.de/wirtschaft/2013-06/freihandelszone-verhandlungen-usa-eu-mandat

108   Stephan, Felix: »Kulturstaatsstreich – Warum Kulturstaatsministerin Monika Grütters ihre Kritik am transatlantischen Freihandelsabkommen erneuert hat«, *Süddeutsche Zeitung* vom 22. Mai 2014, S. 9

109   A. a. O.

110   Tangens, Rena/Goebel, Hartmut: »Kommt der Datenschutz unter die Räder?«, in: *Die Freihandelsfalle,* Hamburg 2014, S. 60

111   Zit. nach Kuhr, Daniela; »Einfach frei«, *Süddeutsche Zeitung* vom 6. August 2014, S. 16

112   Maas, Heiko: »Mündige Verbraucher? Ein schönes Ideal«, *Süddeutsche Zeitung* vom 10. März 2014, S. 2

113   United States Trade Representative: »2013 Section 1377 Review On Compliance with Telecommunications Trade Agreements«, S. 4. Online: http://www.ustr.gov/sites/default/files/04032013%202013%20SECTION%201377%20Review.pdf, abgerufen am 8. August 2014

114   Hagelüken, Alexander/Goetz, John: »USA greifen nach Kontodaten europäischer Bürger«, *Süddeutsche Zeitung* vom 20. Juni 2014, S. 1

115   Bühler, Joachim: »TAFTA/TTIP in the Light of the Modern Digital Age and its Significance for the Future of the ICT Industry«, in: *The Transatlantic Colossus*, S. 70

116   »Brandbrief«, *Süddeutsche Zeitung* vom 19. Juli 2014, S. 25